핸드메이드 판명희의

행복한 바느질 세상

옷 만들기 DIY

핸드메이드 판명희의

행복한 바느질 세상

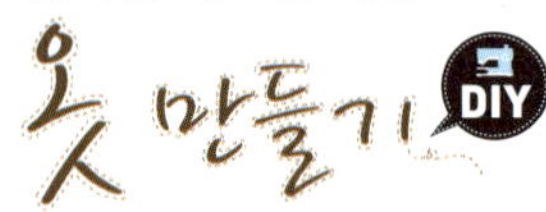

2010. 4. 9 초판 1쇄 발행
2013. 10. 30 초판 4쇄 발행

검
인

지은이 | 판명희
펴낸이 | 이종춘
펴낸곳 | **BM** 성안당
주소 | 121-838 서울시 마포구 양화로 127 첨단빌딩 5층(출판기획 R&D 센터)
413-120 경기도 파주시 문발로 112(제작 및 물류)
전화 | 02)3142-0036
031)955-0511
팩스 | 031)955-0510
등록 | 1973.2.1 제13-12호
출판사 홈페이지 | www.cyber.co.kr
저자 카페 | cafe.daum.net/my0402
ISBN | 978-89-315-7460-9 (13630)
정가 | **13,800원**

이 책을 만든 사람들

기획·사진 | 이구
진행 | 홍지영
교정·교열 | 안세현
디자인 | 오정화
일러스트 | 김희정
마케팅 | 변재업, 구본철, 차정욱, 이상무, 채재석
제작 | 김유석

모델 | 손소희, 정형수, 이가영, 강지연, 진주언
협찬 | 부라더 미싱(www.brother.co.kr)

행복한 바느질 세상

옷 만들기 DIY

판명희 지음

BM 성안당

Preface

함께 만들어가요,
바느질 세상!

어린 시절, 어머니는 옷가게인 일명 양품점을 하셨어요. 덕분에 새 옷을 매일 입어볼 수 있어 즐거웠고, 그러면서 옷 입기와 어울려 코디하는 것을 좋아하게 되었어요. 80년대에 패션 유통업계에서 의류 디자인과 경영을 배운 후 결혼을 하게되면서 아이를 키우며 일할 수 있는 바느질을 선택하게 되었습니다.

바느질을 시작하면서 바느질법과 디자인 등을 알리기 위해 카페를 만들어 작품을 올리기 시작했어요. 바느질법과 작품들이 조금씩 늘어가자 바느질에 관심 있는 사람들이 모이기 시작했고, 어느새 서로 정보를 공유하며 도와가는 커뮤니티가 되어 있더군요. 바느질이라는 공통된 관심사 하나로 많은 이들과 소통할 수 있게 된지 어느덧 6년이 넘어가고 있습니다. 그 공간에서 만나게 된 많은 분들과 작품에 대한 열정들 모두 저에게는 너무나 소중한 재산이 되었고, 더욱 열심히 바느질과 디자인 작업을 할 수 있는 원동력이 되었답니다.

바느질은 누구나 할 수 있고, 작품의 완성도가 높아질수록 많은 즐거움을 주는 행복한 취미입니다. 손쉽게 구입할 수 있는 기성복들보다, 내 손으로 직접 만든 나만의 맞춤 옷은 훨씬 개성 넘치고 특별합니다. 나에게 가장 잘 맞는 치수로 원단과 색감을 고려해 내 취향대로 만들어 입을 수 있기 때문에 그만큼 특별하죠.

처음에는 어렵게만 느껴지던 바느질을 하나씩 알아가고, 디자인에 몰두하며 고민의 끝에 만들어지는 작품 완성의 기쁨! 그 기쁨은 모든 이들을 바느질 세상에 푸욱 빠지게 하는 묘한 중독을 불러일으킨다고 할까요? 10여년 이상 옷 만들기에 빠져있지만, 내일의 새로운 디자인이 기다려지고 설렙니다.

여러분 함께 만들어 가요!

판명희

Contents

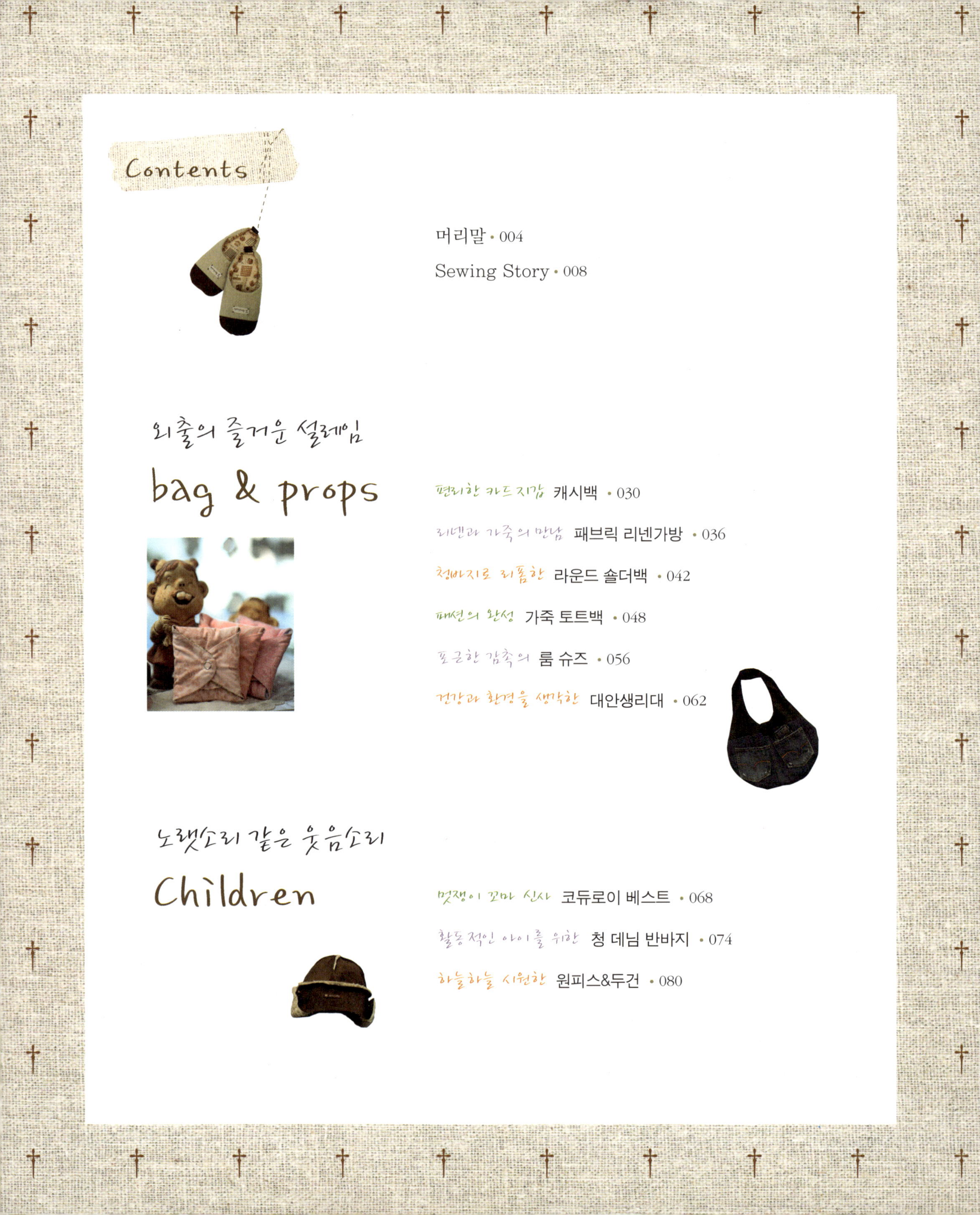

머리말 • 004

Sewing Story • 008

외출의 즐거운 설레임
bag & props

편리한 카드지갑 캐시백 • 030

리넨과 가죽의 만남 패브릭 리넨가방 • 036

청바지로 리폼한 라운드 숄더백 • 042

패션의 완성 가죽 토트백 • 048

포근한 감촉의 룸 슈즈 • 056

건강과 환경을 생각한 대안생리대 • 062

노랫소리 같은 웃음소리
Children

멋쟁이 꼬마 신사 코듀로이 베스트 • 068

활동적인 아이를 위한 청 데님 반바지 • 074

하늘하늘 시원한 원피스&두건 • 080

두 가지 컬러의 조합 나글란 배색 티셔츠 • 086

귀여운 속바지 레이어드 팬츠 • 092

우리 아이 강지를 위한 귀마개 모자 • 098

사랑스러운 귀마개 방울 보넷 • 102

따듯한 겨울을 위한 망토 • 106

신나는 일상

adult clothes

심플한 매력 가오리 티셔츠 • 114

원단 한 장의 마법 서큘러 스커트 • 120

날씬함이 돋보이는 차이나 셔츠형 원피스 • 124

사랑스러운 느낌 가득 커플 후드 티셔츠 • 132

독특한 디자인의 비숍 카디건 • 138

베이직 아이템 남성 카디건 • 142

세련된 멋 아가일 조끼 • 148

언제나 즐겨 입는 레깅스 • 154

피트한 매력 캐주얼 피트 7부 팬츠 • 158

포근한 겨울의 감촉 터틀넥 박스 티셔츠 • 164

보송보송한 느낌 가득 라운드 이중 조끼 • 170

Sewing Story

01 부자재

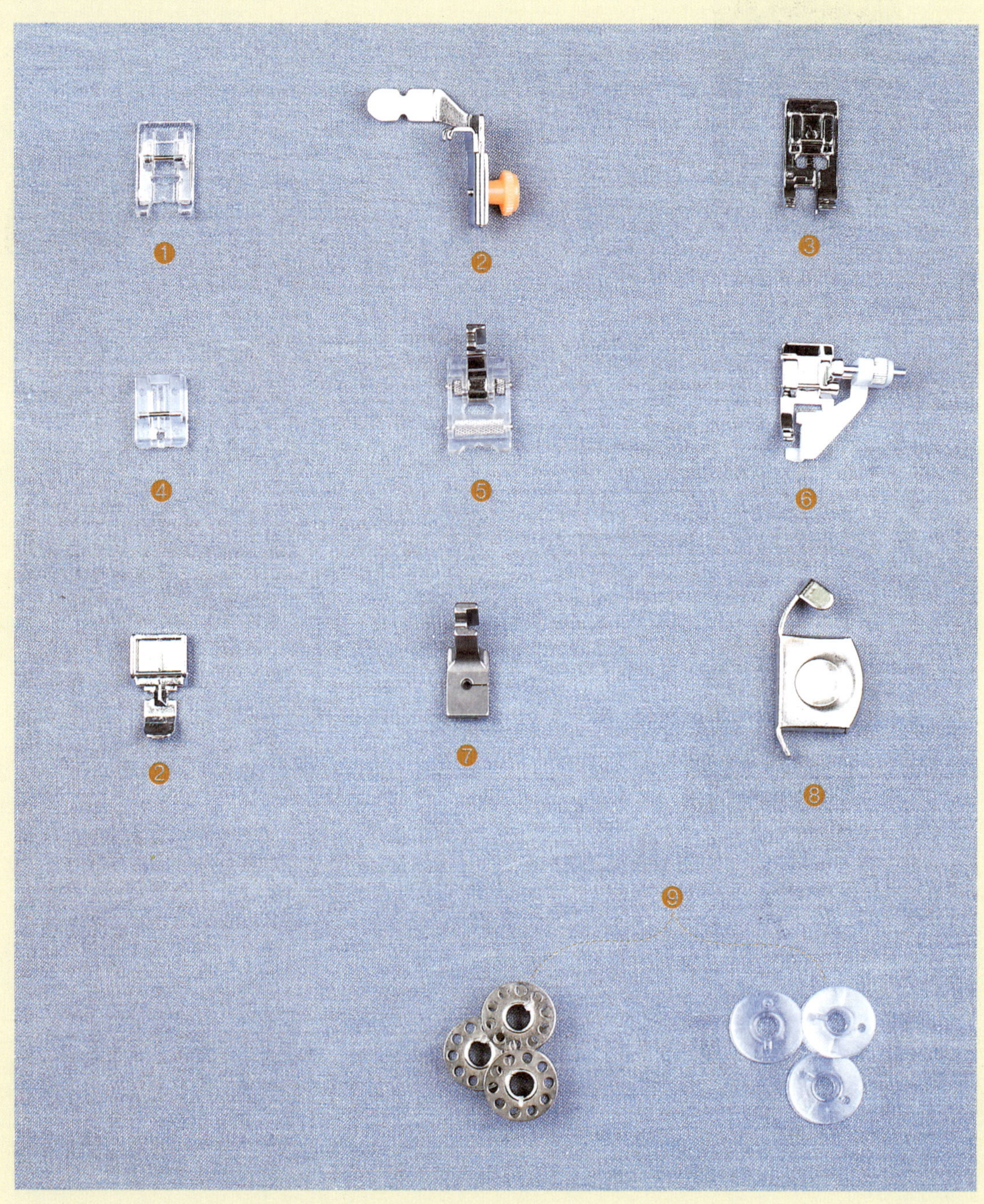

❶ 평 노루발 : 기본 박음질할 때 사용한다. 투명한 플라스틱 노루발은 박음질이 보이므로 초보자에게는 훨씬 편리하다.

❷ 외 노루발 : 파이핑 작업, 지퍼 작업을 할 때 사용한다. 나사형은 위치 조절을 할 수 있어 정확하게 잡기 유리하고, 원터치형은 초보자가 사용하기 편리하다.

 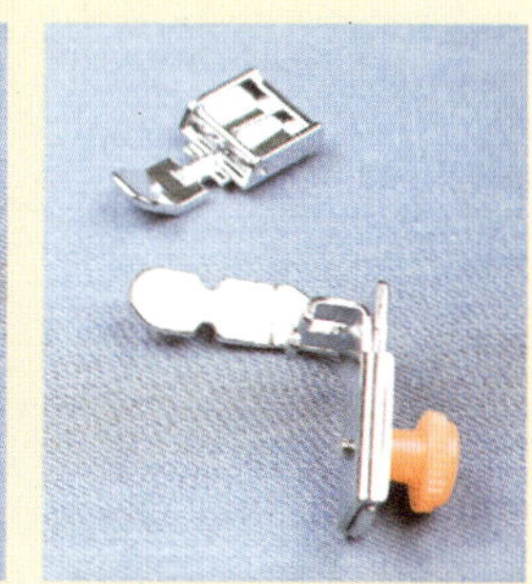

❸ 오버로크 노루발 : 재봉틀의 지그재그 기능을 이용해 오버로크 처리할 때 천이 오그라드는 현상을 방지할 수 있다.

❹ 콘솔 노루발 : 콘솔(숨은 지퍼) 작업을 할 때 사용한다.

❺ 가죽&니트 노루발 : 가죽원단이나 니트원단을 박음질할 때 사용한다. 원단의 밀림을 방지한다.

❻ 단 뜨기 노루발 : 손바느질로 단을 뜨는 밑단 모양을 노루발을 사용해 편리하게 박음으로 가능하다.

 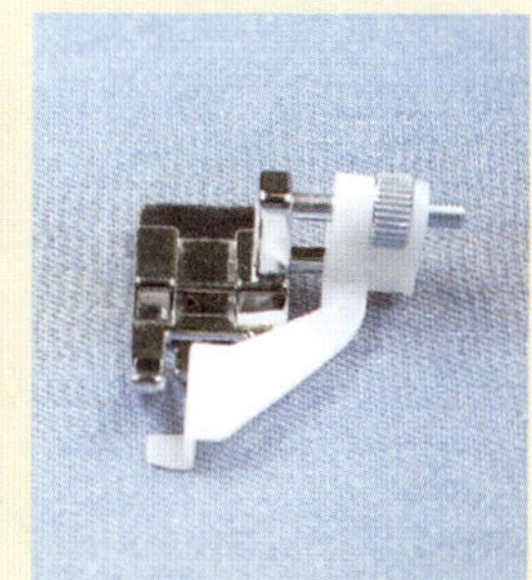

❼ 주름 노루발 : 주름을 손쉽게 미리 잡아준다.

❽ 자석조기 : 직선 박음질을 쉽게 할 수 있도록 도와준다. 자석의 힘으로 노루발 간격에 맞추어져 원단이 옆으로 넘어가지 않도록 버텨준다. 이불이나 커튼과 같이 길게 일자 박음을 해야 할 때 편리하다.

❾ 쇠 실토리 or 플라스틱 실토리 : 재봉틀 구입 시 장착되어 있는 대로 구입해 밑실을 감아둔다(색 별로 감아두면 편리하다).

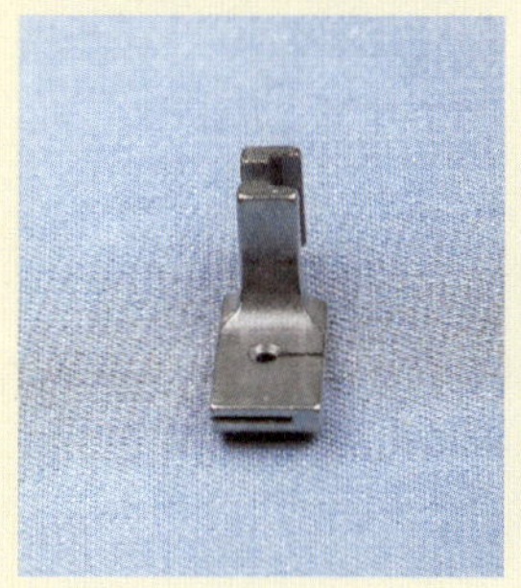  

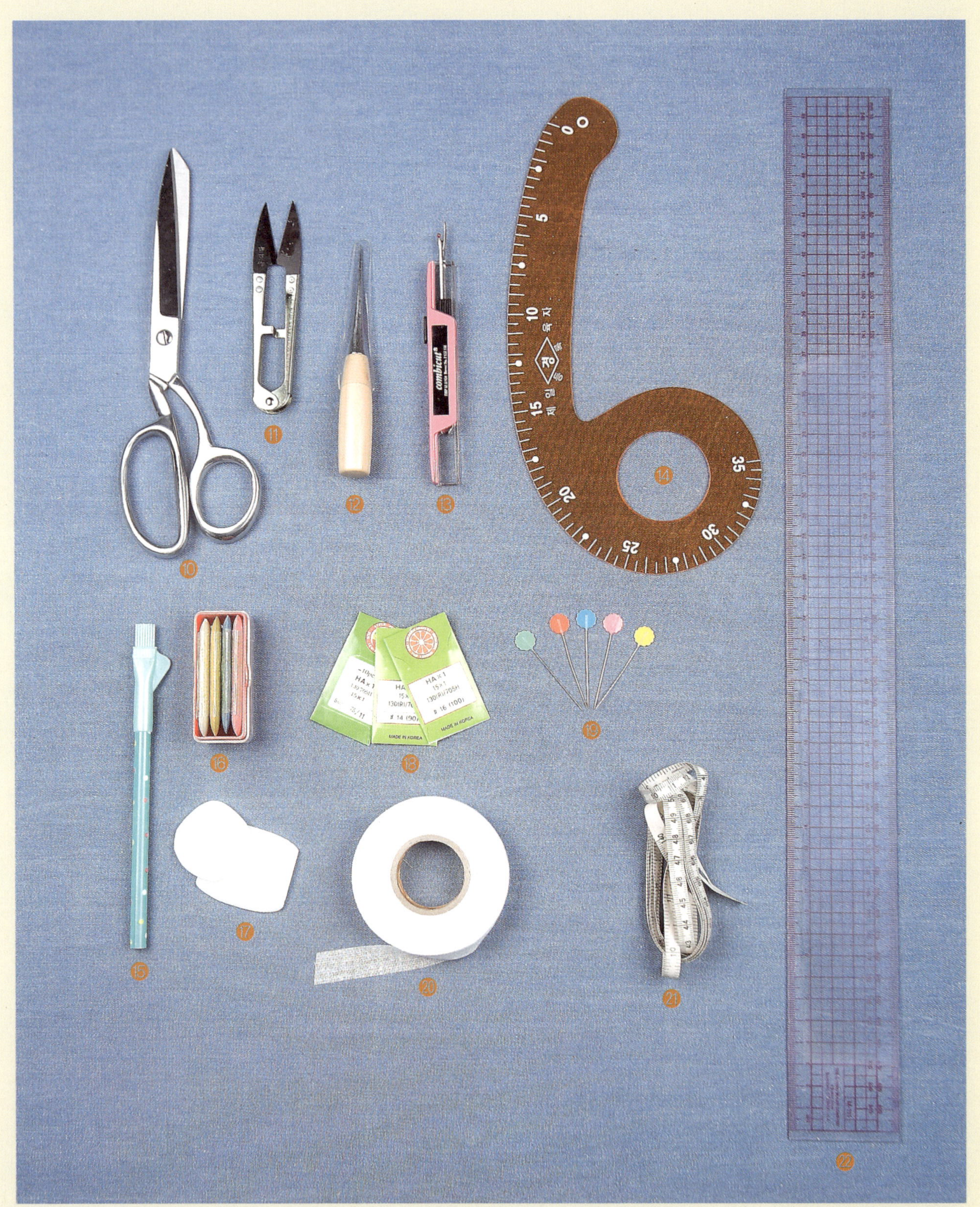

⑩ 재단가위 : 원단을 자를 때만 사용해야 수명이 오래간다. 가윗날을 갈아서 사용할 수 있으며, 충격에 약하므로 떨어뜨리지 않도록 주의해서 사용한다.

⑪ 쪽가위 : 실밥정리를 위해 꼭 필요하다. 충격에 약하므로 떨어뜨리지 않도록 주의한다.

⑫ 송곳 : 원단에 미세한 구멍을 뚫을 때 사용하고, 박음질할 때 밀림을 예방하기 위해 사용하기도 한다.

  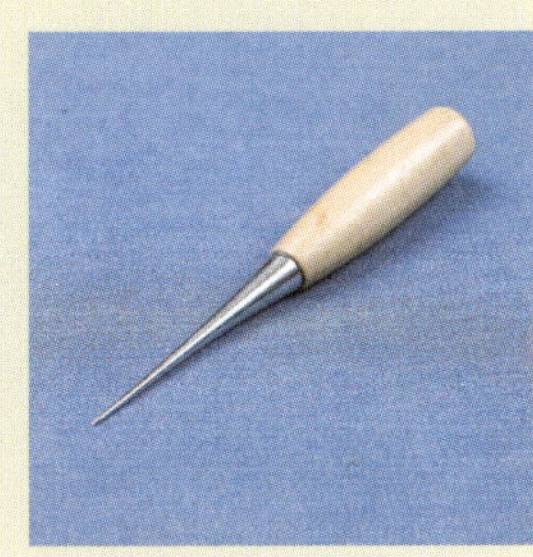

⑬ 실뜯개 리퍼 : 잘못 박음질했을 때 실을 뜯어 수선하기 위해 필요한 도구다.

⑭ 6자 : 진동, 목선 등 곡선을 그리거나 재단할 때 필요한 도구다.

⑮ 연필 초크 : 섬세하게 가는 선을 재단할 때 손쉽게 사용한다.

⑯ 양재 4색 초크 : 여러 컬러가 있어 원단 색에 따라 선명하게 보이도록 선택해 사용한다.

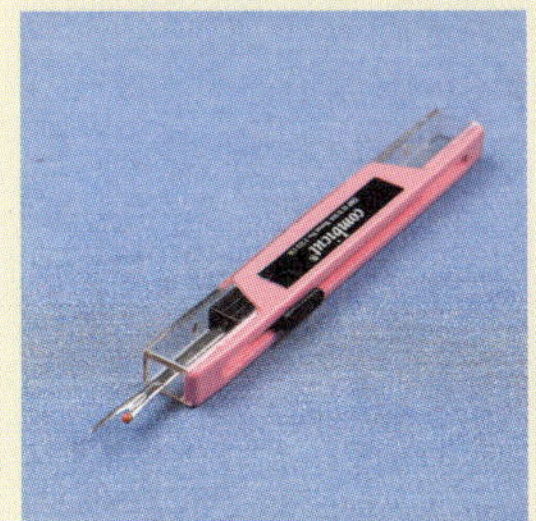 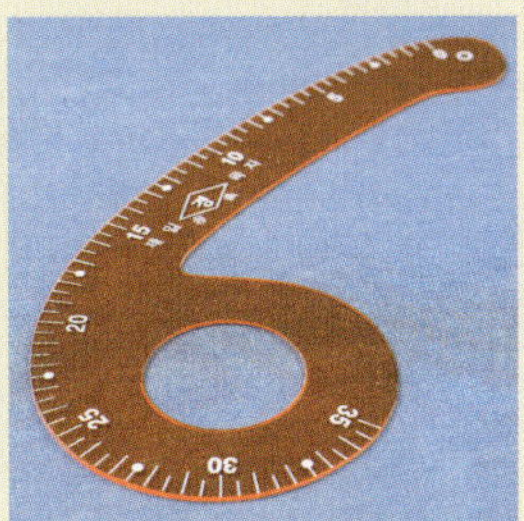  

⑰ 초자고 : 초크 중 제일 잘 그려진다. 초 성분을 이용해 만든 것으로 다리미로 열을 가하면 손쉽게 지워진다.

⑱ 재봉틀 바늘 : 11호, 14호, 16호가 있고, 호수가 클수록 두꺼운 소재를 박음질할 때 사용한다. 11호는 여름 원단과 같이 얇은 소재를, 14호는 40수와 같은 적당한 두께의 소재를, 16호는 20수의 두꺼운 두께의 소재를 박음질할 때 사용한다.

⑲ 시침핀 : 원단을 일시 고정하고 밀리지 않도록 고정시켜주는 역할을 한다.

⑳ 접착 다대테이프 : 한쪽 면에 풀칠이 되어 있어 다림으로 눌러 붙여 사용한다. 단추 구멍을 낼 때 단추 달 부분 내부에 미리 부착해 힘있게 만드는 시접 역할을 한다.

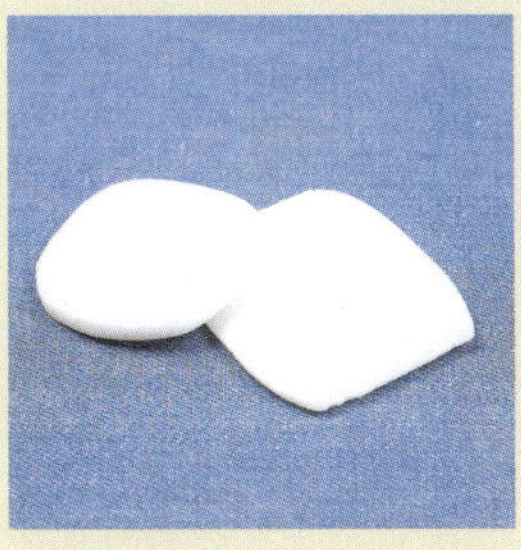  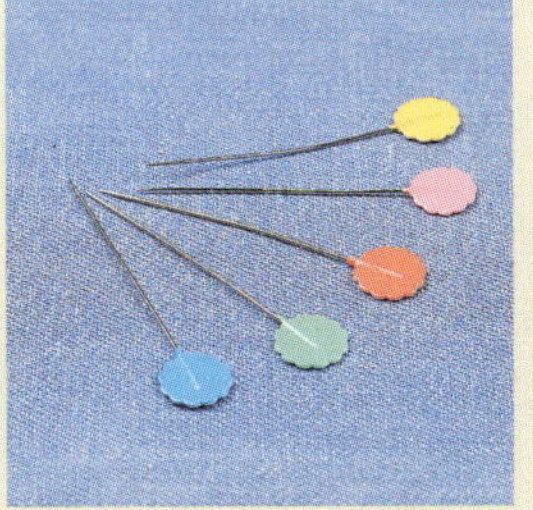 

㉑ 줄자 : cm와 inch로 구분되어 있고 치수를 재기 위한 도구다.

㉒ 그레이딩 자 : 보통 50cm~60cm로 상세한 폭을 정확하게 재단할 때 사용한다.

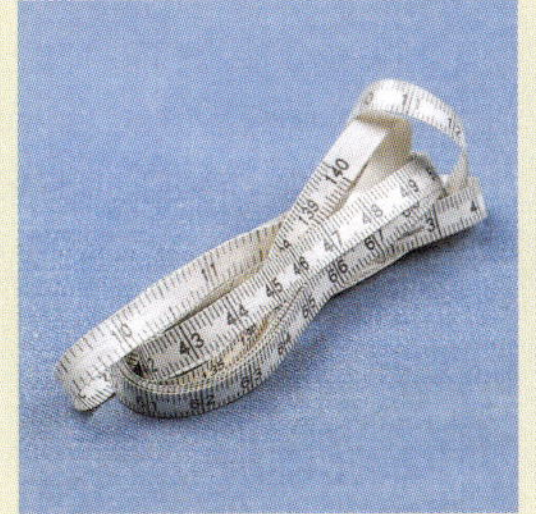 

02 노루발 사용하기

기본적인 노루발 교체 방법은 제품을 구입하면 따라오는 매뉴얼을 참조한다. 여기서는 용도에 맞는 노루발 사용에 대해 간단히 살펴본다.

1. 평 노루발

직선 바느질 사용 시 가장 기본으로 쓰이는 노루발이다. 초보자들이 사용하기에는 기존의 쇠 노루발보다 바느질 선이 보이는 투명 플라스틱 노루발이 더 편리하다.

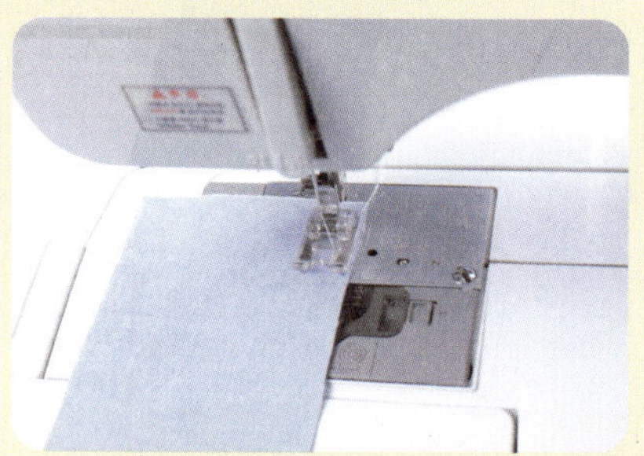
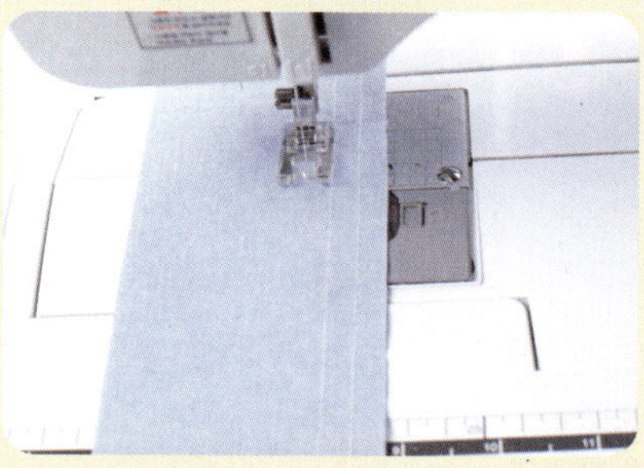

2. 외 노루발(지퍼 노루발)

지퍼를 달거나 파이핑을 만들 때 필요하다. 지퍼 달기는 작품마다 방법이 달라질 수 있으나, 가장 기본적인 방법은 원단과 지퍼를 겉과 겉이 마주보도록 놓고 한쪽 지퍼를 박음질한 후, 지퍼를 밖으로 넘겨 겉에서 한 번 더 눌러 박는다. 반대편 지퍼 역시 동일한 방법으로 작업한다. 파이핑은 원단을 바이어스 재단 후, 파이핑 줄에 감싸 박음질한다.

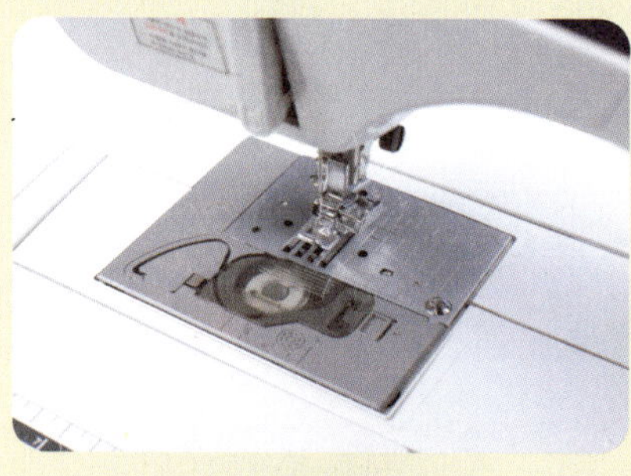
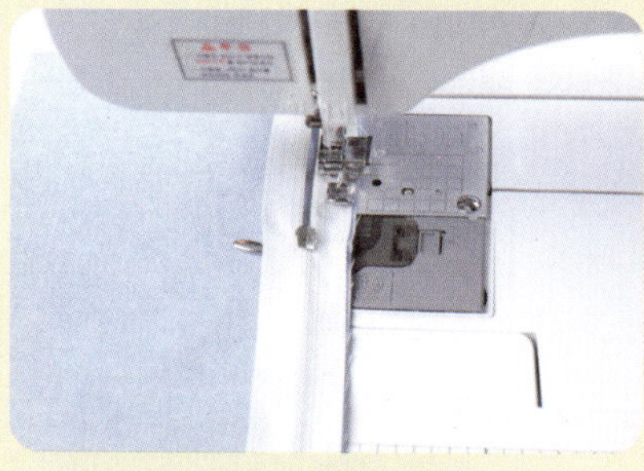
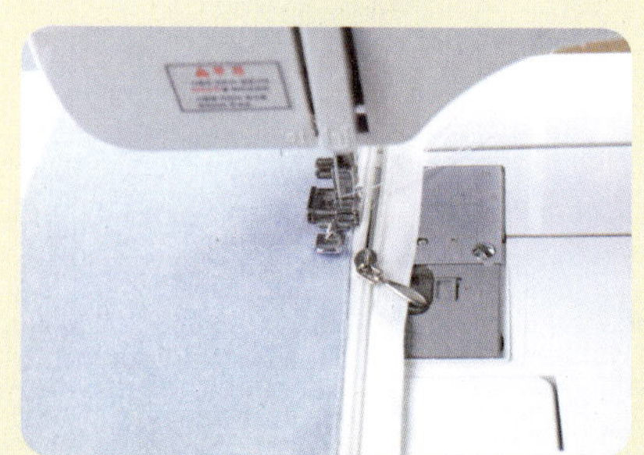
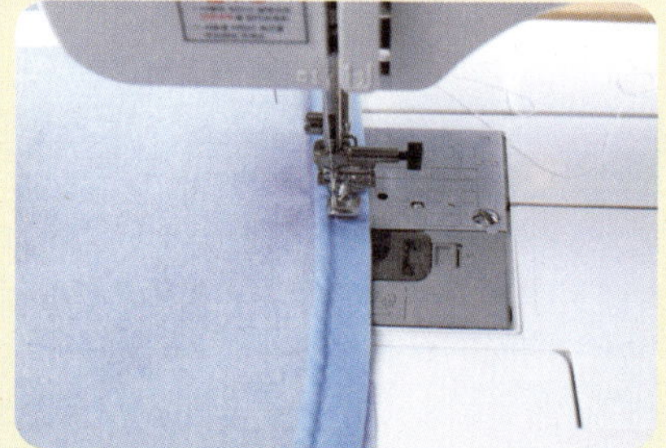

3. 주름 노루발

레이스나 전체 프릴을 만들 때 주름을 잡아주는 노루발이다. 왼쪽에 노루발을 잡고 있는 나사를 풀고, 노루발을 끼운 후 나사를 조여 장착한다. 사용 시 장력은 7~8번 정도로 높이고, 바느질 땀수 폭은 4번 정도로 높이는 것이 중요하다. 주름을 잡을 때 왼손의 검지로 뒤쪽 원단을 잡아 막아주면 주름이 많이 잡힌다.

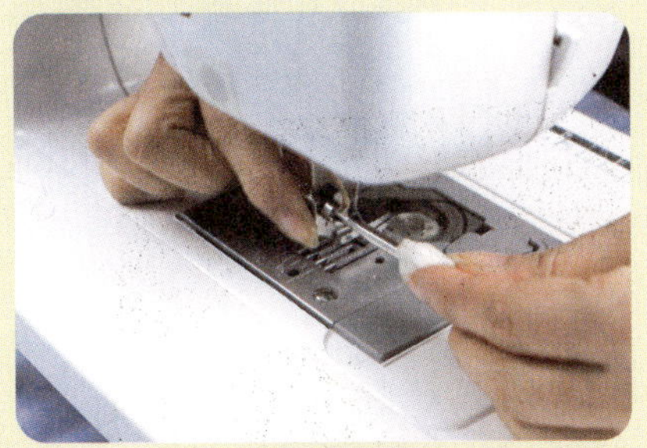
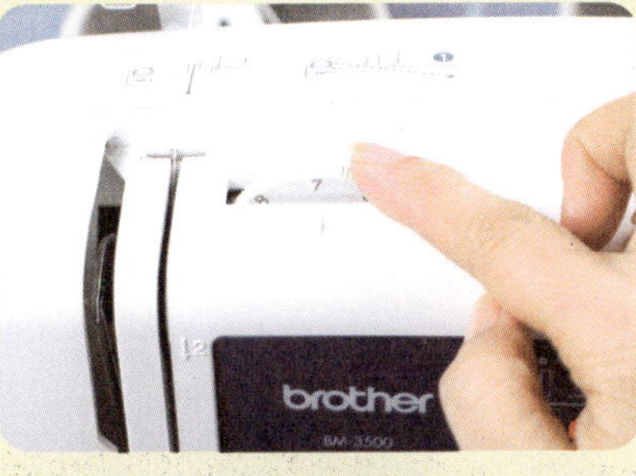

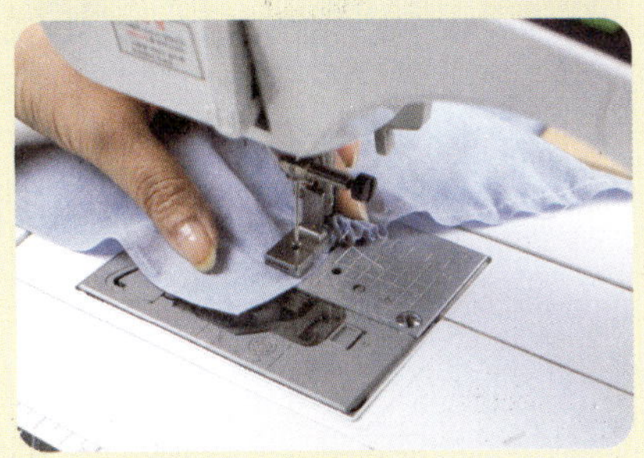
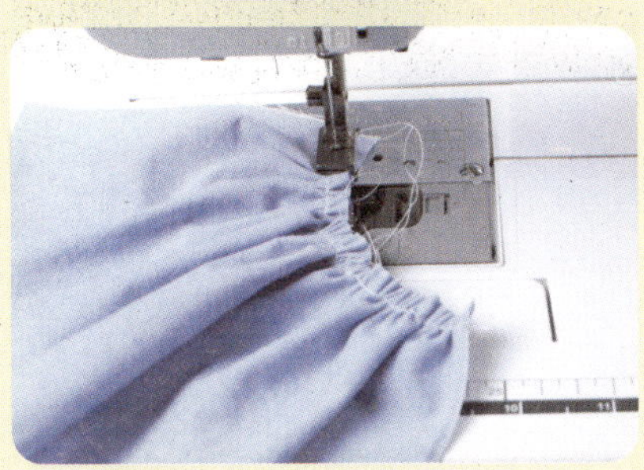

4. 콘솔 노루발

원피스, 스커트, 이불, 쿠션 등 콘솔 지퍼(숨은 지퍼)를 박음질할 때 꼭 필요하다. 이때 지퍼 니를 완전히 젖힌 후, 속에 박음질해야 숨은 지퍼의 역할을 제대로 할 수 있다.

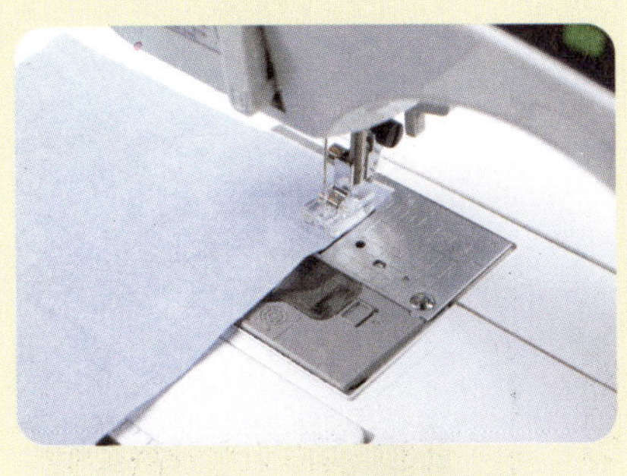
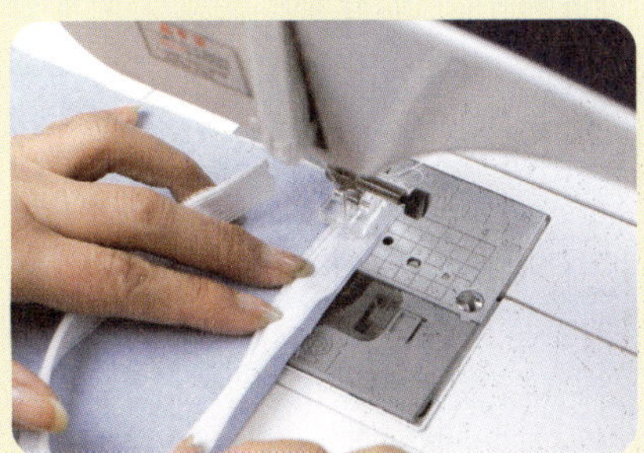
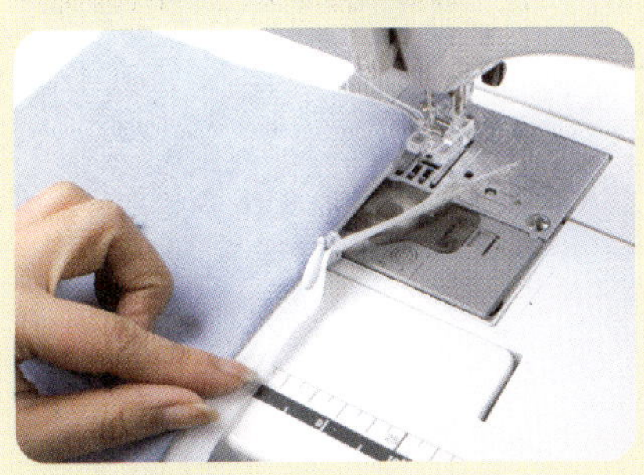

5. 단추 구멍 노루발

단추 구멍을 낼 때 필요한 노루발이다. 단추 구멍은 단추 크기에 따라 10mm~30mm까지 만들 수 있다. 얇은 소재는 장력을 1, 2, 3번에, 두꺼운 소재는 4, 5번에 맞춘 후 바느질 땀수는 F에 맞춘다.

순서는 다이얼을 ac→d→ac→b의 순서로 바꿔가며 박음질한다. 폭은 단추보다 2mm정도 길게 박음질한다. 박음질한 단추 구멍의 사이를 잘라내면 단추 구멍이 생긴다.

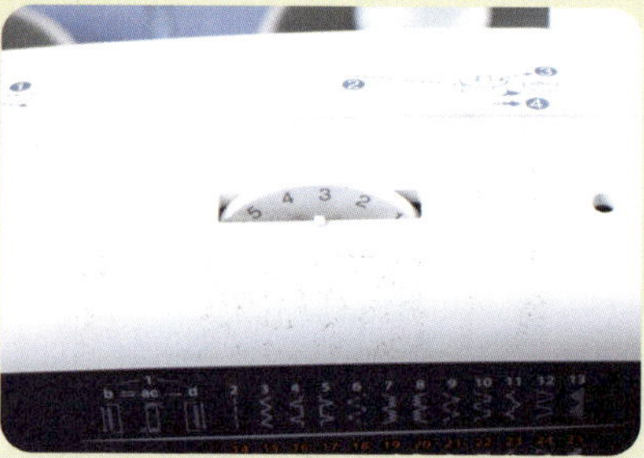

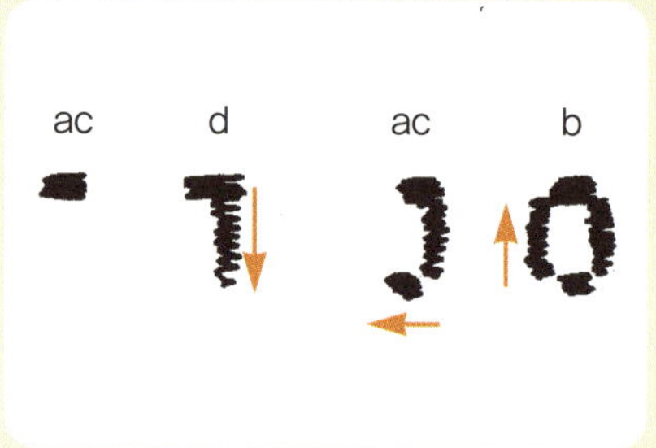

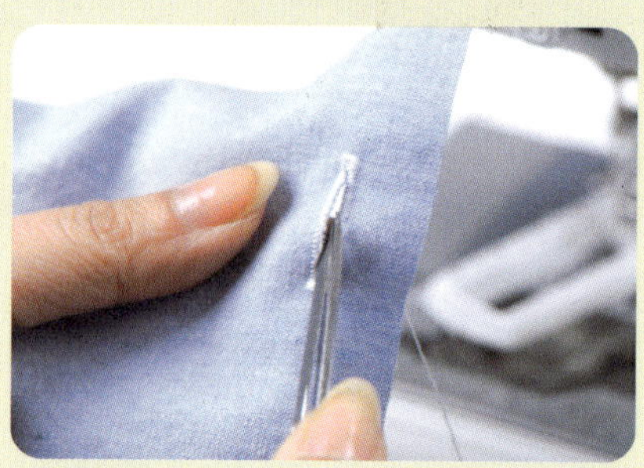

6. 가죽&니트 노루발

가죽이나 인조가죽, 니트, 세무 등의 니트 소재를 박음질할 때 롤러가 달려 있어 밀림을 방지해주는 역할을 한다. 왼쪽에 노루발을 잡고 있는 나사를 풀고, 노루발을 끼운 후 나사를 조여 장착한다. 장력은 4번, 땀 폭은 3번에 맞춘 후 박음질한다.

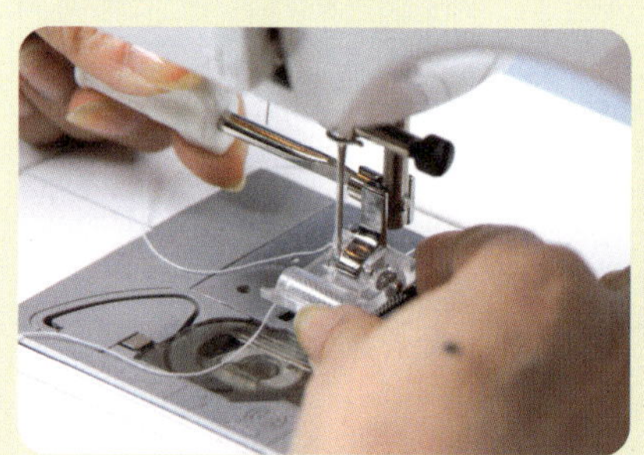

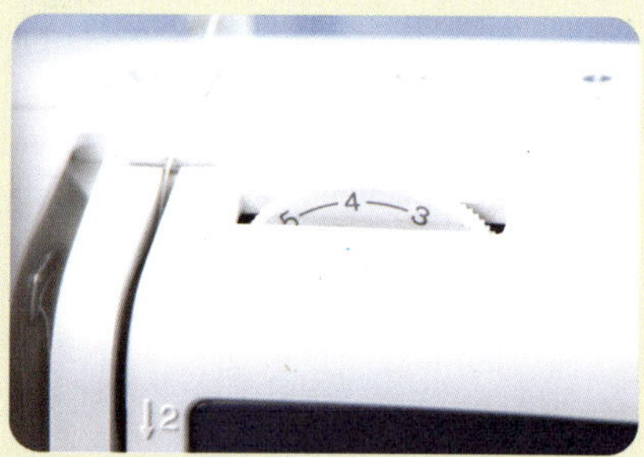

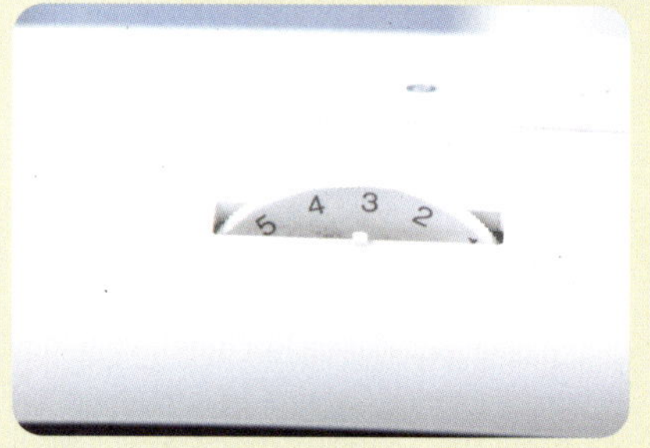

Sewing Story

# 03 니트 소재로 바느질 시 꼭 필요한 기본 세팅

* 바늘은 니트 전용 바늘을 사용한다. 일반 바늘을 사용하면 세탁 후 박음 사이가 구멍이 나면서 뜯어지는 경우가 발생하는데, 니트 전용 바늘은 바늘 끝이 미세하게 둥글고 부드러워 이러한 단점을 보완한다.

* 실은 윗실은 면사(재봉실)를 사용하고, 밑실은 꼭 스판사를 사용한다. 밑실도 면사를 사용하면 옷의 탄력으로 이음새가 뜯어질 수 있기 때문에 밑실은 탄력이 있는 스판사를 사용한다.

# 04 사이즈 알고가기

1. 유아복 표준 사이즈

Size	연령	몸무게(kg)
70~75	0~6개월	3~8kg
80~85	6~12개월	8~10kg
90~95	12~24개월	10~14kg
100	24~36개월	14~16kg
110	36~48개월	16~18kg

2. 남아 아동복 표준 사이즈

Size	연령	키(cm)	허리둘레(cm)	가슴둘레(cm)	몸무게(kg)
3M호(2호)	돌 이전	78	49	50	11
3호(4호)	1~2세	95	51	54	15
5호(6호)	3~4세	110	53	57	18
7호(8호)	5~6세	120	56	60	23
9호(10호)	7~8세	130	58	64	27
11호(12호)	9~10세	140	61	68	33
13호	11~12세	150	64	73	42
15호	13~14세	160	66	80	52

3. 여아 아동복 표준 사이즈

Size	연령	키(cm)	허리둘레(cm)	가슴둘레(cm)	몸무게(kg)
3M호(2호)	돌 이전	76	47	48	10
3호(4호)	1~2세	93	49	52	14
5호(6호)	3~4세	110	51	55	18
7호(8호)	5~6세	120	54	58	22
9호(10호)	7~8세	130	56	62	26
11호(12호)	9~10세	140	59	66	32
13호	11~12세	150	62	72	41
15호	13~14세	155	64	76	49

＊ 아이의 체격조건에 따라 조금씩 차이가 있으니 표준 사이즈를 참고해 아이의 치수를 재어 재단한다. 아이들은 많이 움직이고 활동범위가 크며 성장이 빨라 여유 있게 입히는 것이 좋다.

4. 여성복 표준 사이즈

Size	호칭	기존호칭	신장(cm)	가슴둘레(cm)	허리둘레(cm)	엉덩이둘레(cm)
44	82-88-155	7	155	82	61	88
55	85-92-160	9	160	85	64	92
66	88-96-160	11	160	88	67	96
77	94-100-165	13	165	94	73	100
88	96-102-165	15	165	97	79	106

5. 남성복 표준 사이즈

상의호칭	하의호칭	신장(cm)	가슴둘레(cm)	허리둘레(cm)	엉덩이둘레(cm)
80	65	150~160	80	24~26	92
85	70	155~165	85	26~28	94
90	75	160~170	90	28~30	96
95	80	165~175	95	30~32	98
100	85	170~180	100	32~34	100
105	90	175~185	105	34~36	102
110	95	180~190	110	36~38	104

6. 사이즈 재는 법

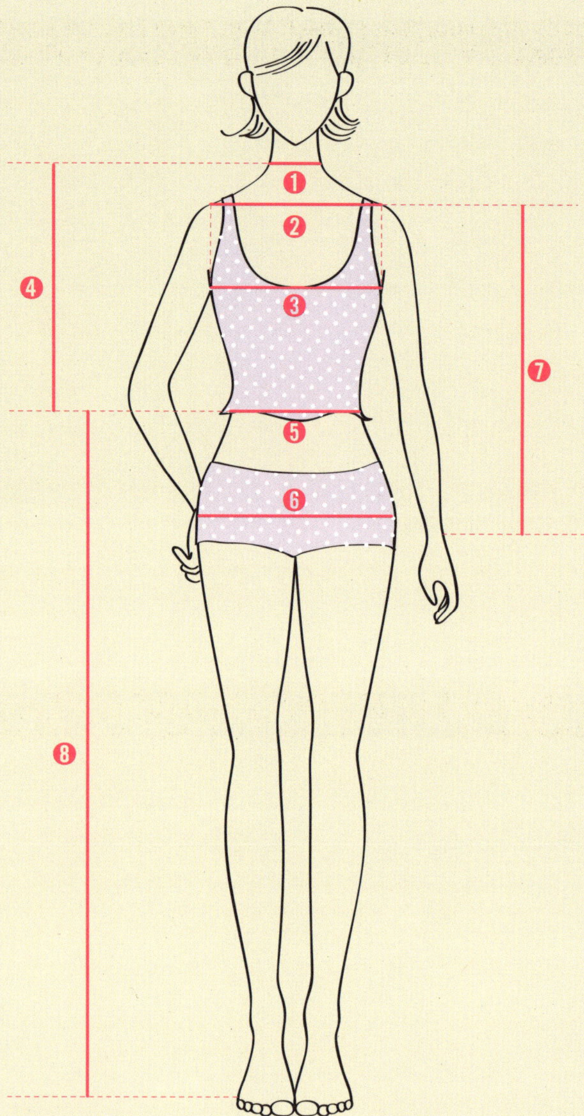

❶ 목둘레 : 목 중앙 부분의 둘레를 측정한다.

❷ 어깨넓이 : 뒷면에서 좌우 어깨 끝점 사이의 길이를 측정한다.

❸ 가슴둘레 : 겨드랑이 밑의 가슴을 지나는 둘레를 측정한다(남녀 공통 측정). 여성의 경우 유두를 지나 수평으로 한 바퀴를 돌려 가슴둘레
를 한 번 더 측정한다(줄자를 너무 잡아당기지 않도록 주의한다).

❹ 등길이 : 뒷목점에서 허리선까지 길이를 측정한다.

❺ 허리둘레 : 허리의 제일 가는 부분의 둘레를 측정한다.

❻ 엉덩이둘레 : 엉덩이의 가장 튀어나온 부분의 둘레를 측정한다(줄자를 너무 잡아당기지 않도록 주의한다).

❼ 소매길이 : 어깨 끝점에서 팔꿈치점을 지나 손목점까지의 길이를 측정한다.

❽ 바지길이 : 옆 허리둘레선에서 발목점까지의 길이를 측정한다.

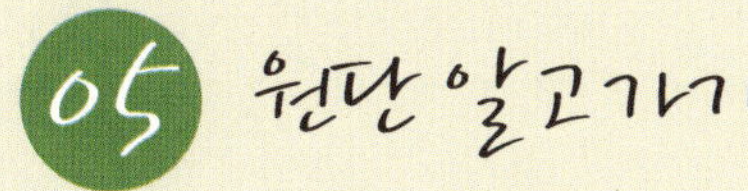

05 원단 알고가기

1. 원단 설명

원단의 길이를 나타내는 단위는 '마(yard)'로, 보통 44″(inch)와 60 ″(inch)로 구분된다. 44 ″는 1마에 110cm×90cm, 2마에 110cm× 180cm이고, 66 ″는 1마에 150cm×90cm, 2마에 150cm×180cm이다.

수(s)란 ★

실의 굵기를 말한다. 원단은 실의 굵기에 따라 20수, 30수, 40수, 60수, 80수, 100수로 나누어지는데, 원단의 두께는 숫자가 낮을수록 두꺼워진다.

- 10수는 면 중에 가장 두꺼운 소재로, 보통 가방이나 커버링 용도로 사용한다. 캔버스원단이 대표적이다.
- 20수는 식탁보나 의자 커버링, 쿠션과 같은 용도로 사용하며 옥스포드원단이 대표적이다.
- 30수~40수는 침구 커버링이나, 베개 커버링 용도로 많이 사용하며, 평직원단(트윌 특면)이 대표적이다. 보통 우리가 입는 옷은 30수~60수 사이가 알맞고, 생활시 쓰이는 면사 역시 30수~60수가 대부분이다.
- 60수~80수는 아사원단이 대표적으로, 얇고 부드러워 여름철 소재로 사용하기 좋다.

2. 원단의 종류와 특성

❶ 면 : 가볍고 내구성이 좋을 뿐 아니라, 흡수성과 흡습성이 좋아 땀 흡수가 잘되며 세탁이 쉽다. 그러나 구김이 잘 가고 형태 안정성이 적은 결점이 있어, 폴리에스테르와 혼방하는 경우가 많다. 주로 옷, 이불, 유아복, 잠옷 등에 많이 사용된다.

❷ 마 : 식물의 줄기나 껍질에서 뽑아낸 것으로, 모시나 삼베가 있다. 그러나 유연성이 없기 때문에 구김이 많이 가며, 이를 방지하기 위해 면이나 폴리에스테르, 아크릴과 혼합한 직물을 많이 사용한다. 수분 흡수성과 통기성이 좋아 시원한 느낌을 주기 때문에 여름용 고급 옷감으로 사용되고, 혼방 제품은 드레스 셔츠로 많이 사용된다.

❸ 양모 : 주름이 잘 펴지며 탄성률이 좋고 보온성이 뛰어난 양모는 겨울 의복에 적합하다. 양모는 편안하고 주름이 가지 않으며 땀을 잘 흡수하지만, 수축이 심함으로 세탁 시 드라이 세탁하는 것이 좋다. 주로 스웨터, 코트, 머플러, 담요, 정장 등에 많이 사용된다.

❹ 폴리에스테르 : 인조 섬유 중 가장 많이 사용되며, 구김이 잘 가지 않고 형태의 틀어짐이 거의 없어 다림질이 필요없다. 그러나 흡습성이 부족하고 정전기가 잘 발생되어 천연 섬유와 혼방해 사용하며, 주로 겉옷이나 스포츠웨어로 많이 사용된다.

⑤ 공단 : 실크를 주자직으로 직조한 것인데, 표면이 매끄럽고 촘촘하여 드레스나 블라우스에 많이 사용된다. 광택이 많아 다른 원단과 매치해 포인트로도 사용할 수 있다.

⑥ T/C : 폴리에스테르와 면의 혼방직물로, 의복에 폭 넓게 사용되며 이불이나 쿠션 등에도 많이 사용된다.

⑦ 옥스퍼드 : 16~20수로 일반 면보다 조금 두껍고 실이 굵어서 재봉이 쉽기 때문에 초보자들이 다루기가 쉽다. 또한 원단이 질기기 때문에 세탁 시에 손상이 잘 가지 않는다. 덮개나 커버링용으로 실용미가 우수하다.

⑧ 쟈가드 : 직조하면서 무늬를 만드는 원단으로, 조금 두껍고 무늬 부분이 조금 튀어나와 있다. 주로 소파나 매트 등 홈패션용으로 많이 사용되며, 커튼으로 완성 시 고급스러움을 더한다.

⑨ 스웨이드 : 가죽제품처럼 보이는 원단으로, 광택이 없는 무광택이다. 주로 옷감이나 홈패션용으로 사용된다.

⑩ 조르개(시보리) : 티셔츠의 소매 끝부분이나 목 부분, 허리 부분에 사용되며, 신축성이 좋은 니트용 소재이다. 이 책에서 시보리(Shibo)는 일본어로 '조르개'로 순화하여 사용했다.

⑪ 커트지 : 원단의 크기를 마 단위가 아닌 그림의 크기로 분류한 것으로, 주로 크리스마스 천이나 동물, 과일, 캐릭터 그림이 많이 사용되며 그림의 크기로 판매하므로 치수를 확인해야 한다. 완성 작품은 벽보나 벽걸이 포인트로 사용한다.

⑫ 폴라폴리스 : 가볍고 따뜻하며 신축성이 좋은 겨울용 원단이다. 오버로크 처리를 하지 않아도 올이 풀어지지 않으며, 주로 목도리나 망토로 많이 사용되고, 스포츠웨어의 내피로도 훌륭하다.

⑬ 특면 : 얇고 부드러우며 표면에 광택이 있어 다른 천의 배색용으로 사용하기 좋다. 주로 이불이나 홈패션용으로 사용된다.

⑭ 나염 : 원단을 직조한 다음 프린트하여 색이나 무늬를 넣은 원단이다.

⑮ 선염 : 염색을 미리 한 실을 직조한 것으로, 앞 뒤 차이가 거의 없는 고급 원단이다.

원단 재단 Tip

원단에 바로 재단해 잘라내면 실수할 위험이 크기 때문에, 옷본(패턴)을 따로 제도한 후 그 옷본에 맞추어 원단을 재단한다.

＊ 이 책에 수록된 작품들은 해당 실물본이 제공된다. 실물본은 얇은 종이를 덧대어 그린 후 잘라 사용한다. 실물본을 바로 잘라 내면 뒷면에 있는 실물본을 사용할 수 없으므로 주의한다.

옷을 만드는데 필요한 원단의 양은 디자인이나 사이즈에 따라서 달라지지만, 원단의 폭과 결의 유무, 무늬의 크기, 옷본의 효율적인 배치방법에 따라서도 크게 좌우된다.

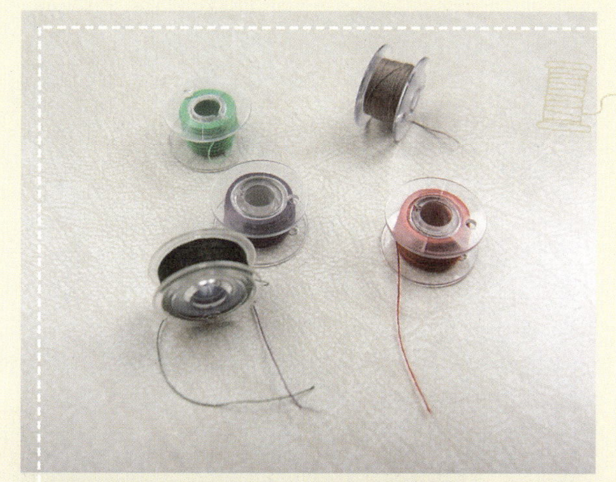

털의 결이 있는 원단이나 체크무늬, 줄무늬 등 봉제선에서 무늬를 맞추어야 하는 원단은 일반적인 원단에 비해 넉넉하게 20%정도가 더 소요된다고 계산하는 것이 좋으며, 무늬가 클 경우에는 더욱 넉넉히 계산해야한다. 조각이 많은 디자인의 경우, 조각의 크기나 수량에 따라 소요량이 더 적은 경우도 있기는 하지만, 보통 20%정도 더 계산하는 것이 좋다.

종이 옷본을 원단에 식서방향 및 무늬나 결에 맞추어 배치한 후, 시접을 표시하고 재단가위로 재단한다. 원단을 자를 때 곧게 잘라지지 않을 때는 원단 뒤에 신문지나 남는 종이를 대고 자르면 보다 쉽게 잘린다.

행복한 바느질 세상 옷 만들기

하나하나 차곡차곡 쌓여가는 소품들

그리고 남들보다 개성 있는 가방

늘 부족한 것을 조금씩 채워주는

재봉틀은 또 하나의 행복입니다.

아이들에게 직접 만든 옷을 입혀주는 것은 엄마의 작은 로망이랄까.

오늘 우리 아이에게 센스 쟁이 엄마가 만들어 주는 사랑넘치는 옷은

세상에 하나밖에 없는 선물이 된답니다.

행복한 바느질 세상 옷 만들기

행복한 바느질 세상 옷 만들기

패션 디자이너만 옷을 만드는 것은 아니겠죠.

누구나 자신만의 특별한 옷을 만들 수 있어요.

여유가 된다면 자신이 직접디자인 한 옷을 만들어 입어보세요.

외출의 즐거운 설레임
bag & props

편리한 카드지갑 **캐시백**

리넨과 가죽의 만남 **패브릭 리넨가방**

청바지로 리폼한 **라운드 숄더백**

패션의 완성 **가죽 토트백**

포근한 감촉의 **룸 슈즈**

건강과 환경을 생각한 **대안생리대**

편리한 카드지갑
캐시백

꼭 필요한 카드 두어장과 약간의 현금을 넣어 다닐 수 있는 간편한 카드지갑이에요.
활용성이 높은데다 만들기도 어렵지 않아 지인들에게 선물하면 인기 만점! 만드는 법을 숙지한 후
약간의 변형을 가하면 통장지갑은 물론 다이어리 커버로도 활용할 수 있답니다.

재료

리넨원단, 순면 40수 미니체크면, 2온스 접착 솜, 습식 가죽원단, 스냅 1쌍

재단하기

❶ 겉감 리넨원단, 안감 미니체크면, 2온스 접착 솜은 18cm×13cm로 각각 1장씩 재단한다.

❷ 지폐주머니 미니체크면은 18cm×11cm로 2장, 속지 리넨원단은 12cm×11cm로 2장을 재단한다.

❸ 여밈 부분 리넨원단과 습식 가죽원단은 4cm×6cm로 1장씩 재단한다.

***** 가죽은 미끄러운 재질로 재봉틀을 이용해 박음질할 경우 밀릴 수 있으므로 조금 여유를 두고 재단하는 것이 좋다.

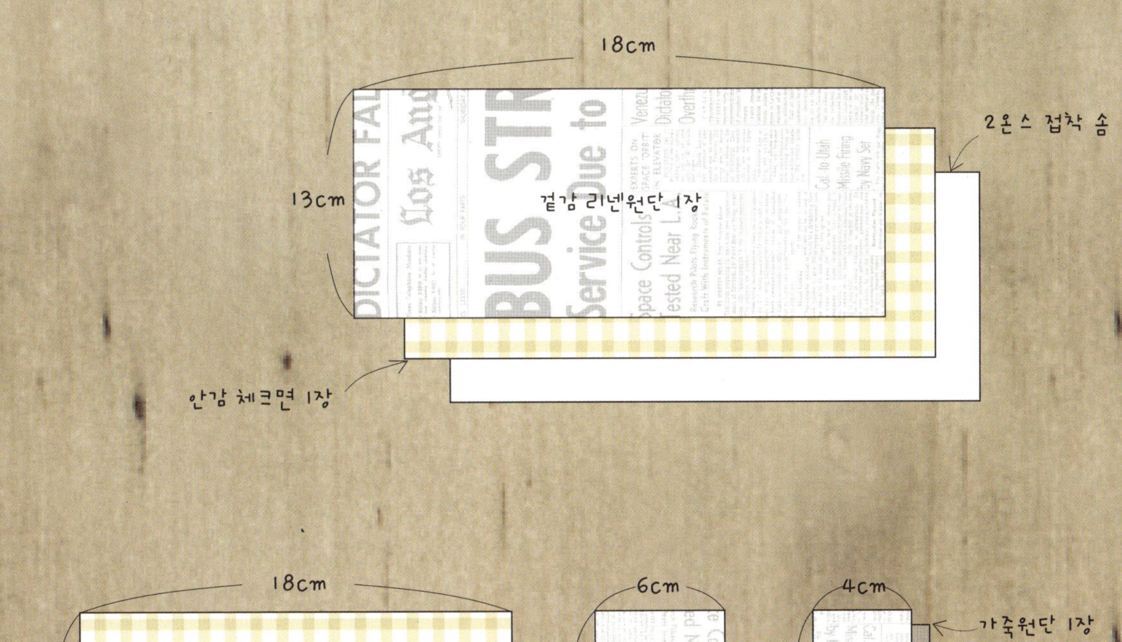

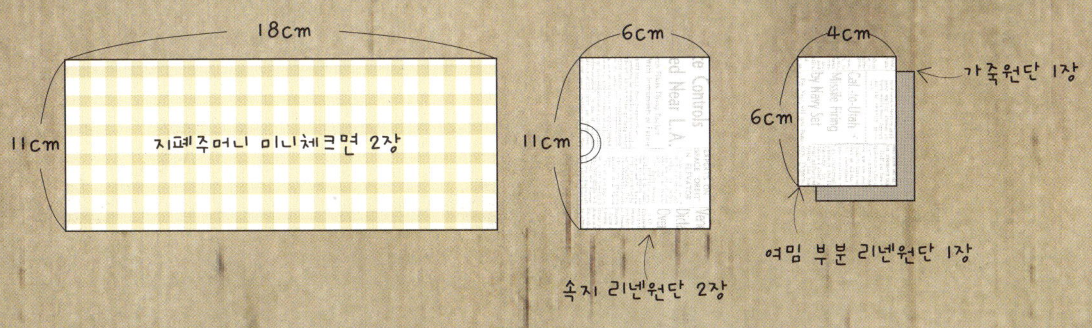

1 지폐주머니 2장 사이에 속지 2장을 양 옆에 배치시킨다.

2 상단을 박음질한다.

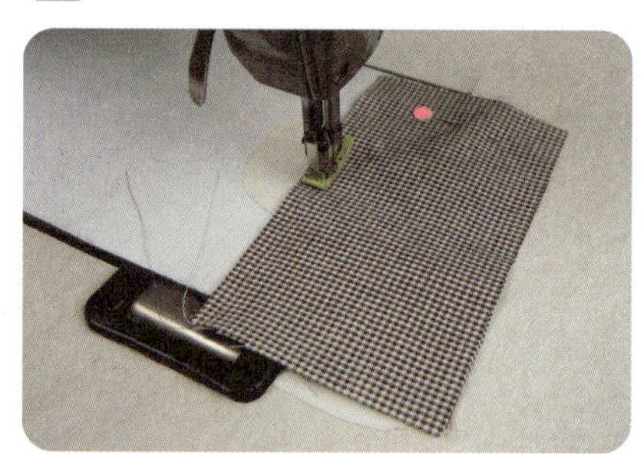

Tip
속지의 접힌 부분이 안쪽
으로 가도록 배치한다

3 지폐주머니 1장을 겉으로 넘긴 후, 상단을 0.5cm 간격으로 눌러박는다.

4 안감 위에 만들어놓은 지폐주머니를 올려 배치시킨다.

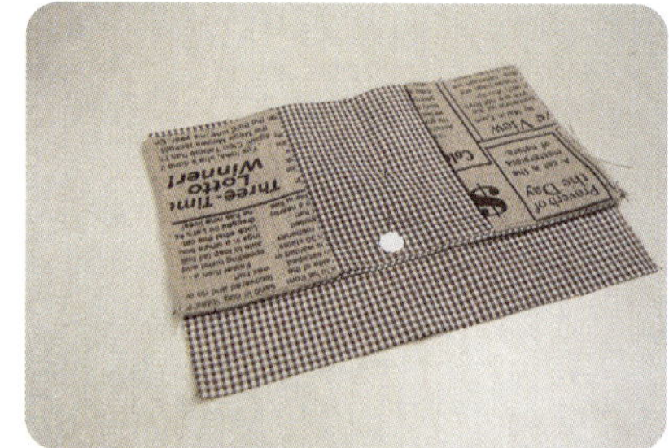

5 지폐주머니의 양 옆 바깥쪽 부분을 박음질해 연결한다.

지폐주머니
부분만 박음질

6 여밈 부분 가죽원단과 리넨원단을 겉과 겉이 마주보게 놓는다.

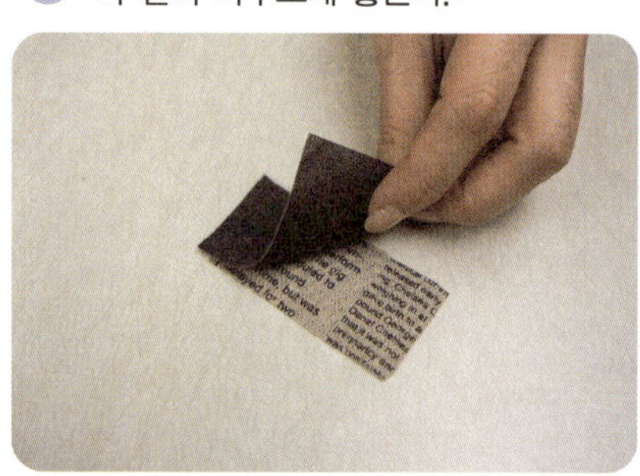

7 짧은 쪽의 한쪽을 제외한 3면을 박음질한다.

8 양쪽 모서리의 시접 부분을 잘라낸다.

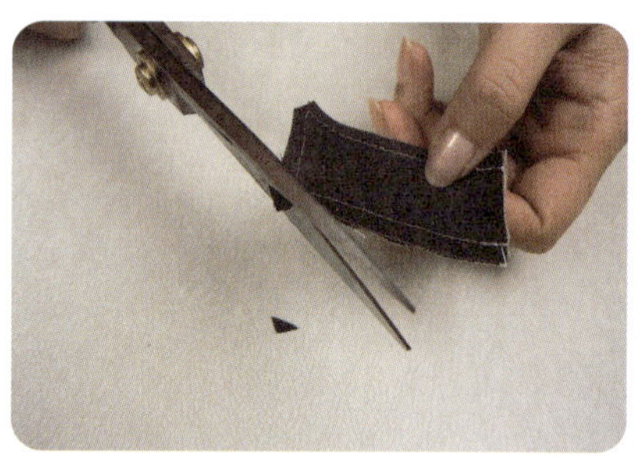

9 창구멍을 통해 뒤집는다.

10 가죽 쪽에서 0.5cm간격으로 눌러박는다.

겉감 만들기

11 2온스 접착 솜의 거친 면 위에 겉감을 올려놓고, 다림질해 접착한다.

12 겉감의 왼쪽 중앙에 여밈 부분을 겉과 겉이 마주보게 놓는다.

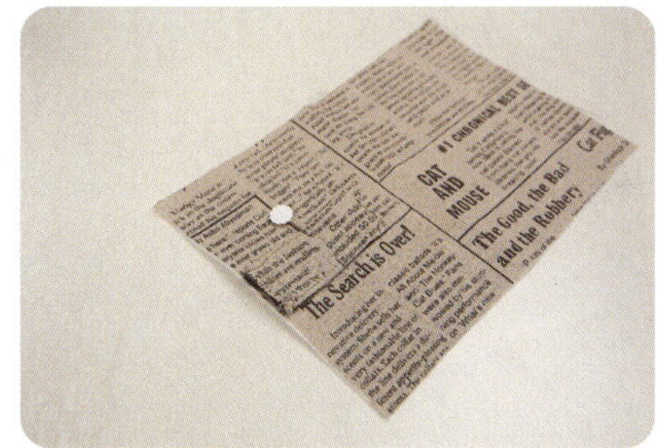

13 전체를 박음질해 여밈 부분과 겉감을 연결한다.

겉감과 안감 합폭하기

14 만들어놓은 안감과 겉감을 겉과 겉이 마주보게 놓는다.

15 하단에 창구멍 5cm를 남겨놓고 전체를 박음질한다.

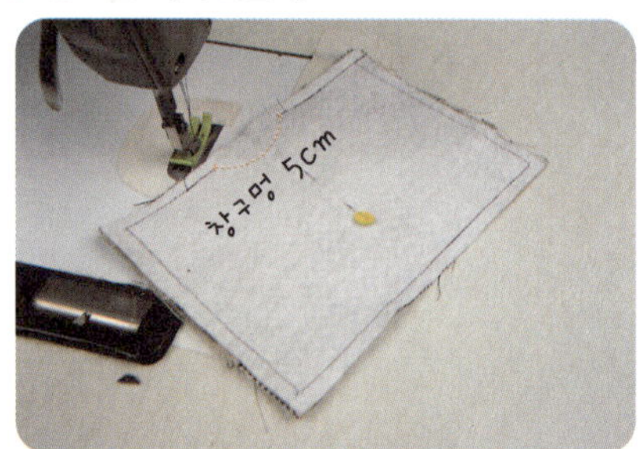

16 모서리 네 곳 모두 시접 부분을 0.7mm 정도 남도록 정리한다.

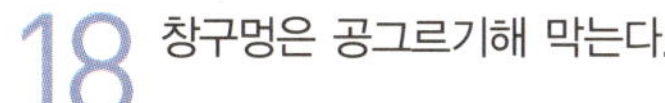

17 창구멍을 통해 뒤집는다.

18 창구멍은 공그르기해 막는다.

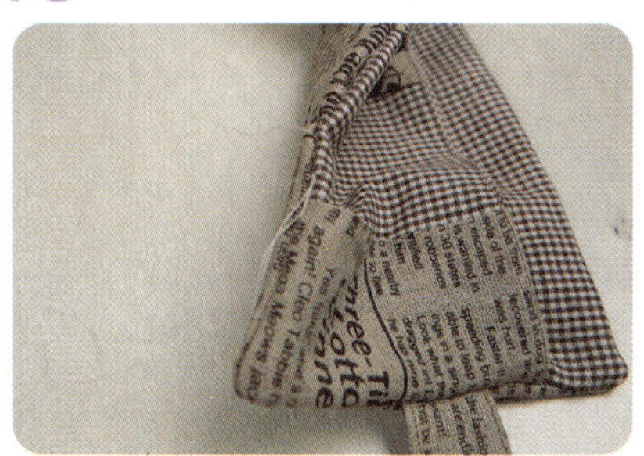

19 몸판을 모양대로 접어 여밈 부분에 스냅이 들어갈 위치를 표시한 후, 스냅을 단다.

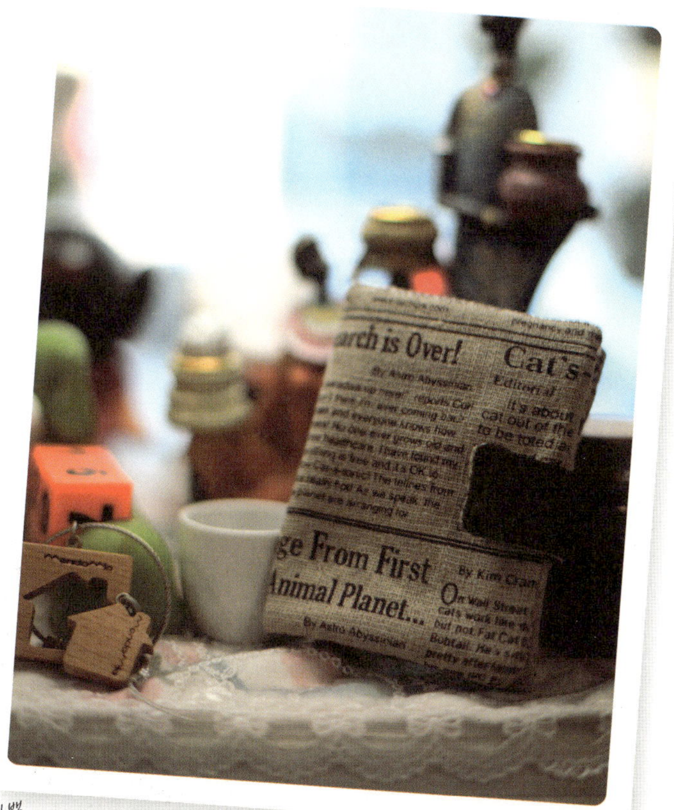

패브릭 리넨 가방

따뜻한 느낌의 리넨과 습식 가죽의 만남. 자칫 단조로울 수 있는 리넨에 습식 가죽이 자연스럽게 포인트를 주어 조화를 이룬답니다. 리넨과 어울리는 생지컬러 면 토션을 활용해 살짝 포인트를 주었어요.
들고 다니기 가벼운 패브릭 가방, 당신의 외출을 즐겁게 해줄 거예요.

재료

리넨원단, 배색순면원단, 2온스 접착 솜,
습식 가죽원단, 토션 레이스 5가지,
가죽 끈, 포인트 종이라벨, 자석 스냅 1쌍,
송곳, 리벳몰드기구

재단하기

① 겉감 리넨원단과 안감 하단 배색순면원단은 35cm×25cm로 각각 2장씩 재단한다.

② 안감 상단 리넨원단과 습식 가죽원단은 35cm×14cm로 각각 2장씩 재단한다.

③ 2온스 접착 솜은 68cm×38cm로 1장 재단한다.

④ 다양한 폭의 면 토션 레이스는 25cm로 3장, 35cm로 2장을 준비한다.

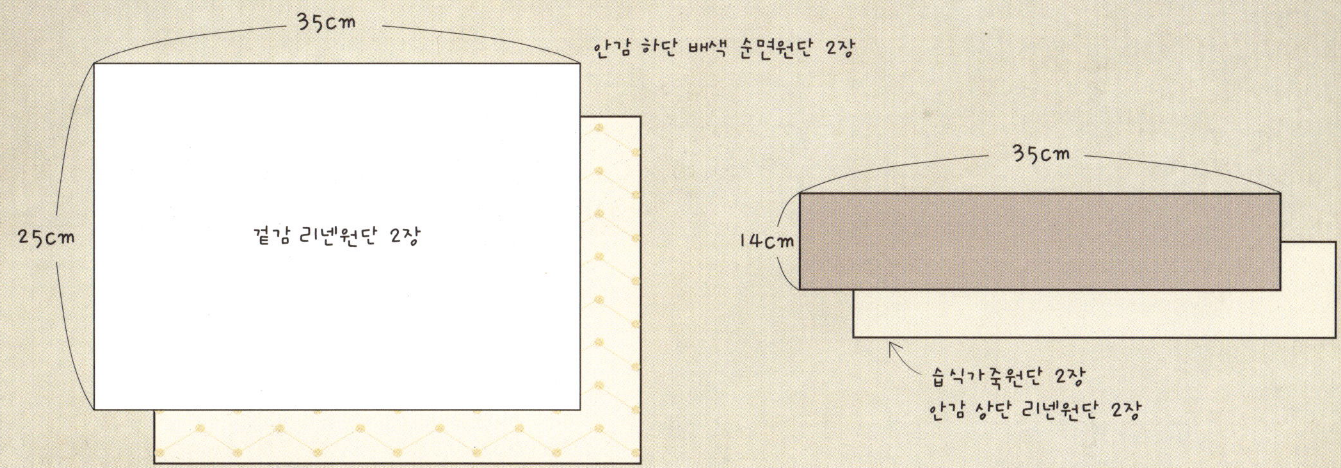

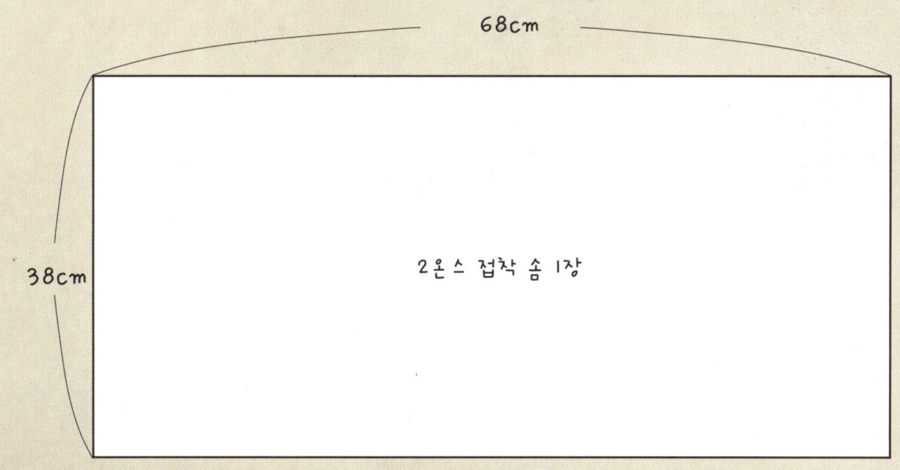

1 겉감 위에 다양한 폭의 면 토션 레이스를 세로 3줄, 가로 2줄로 배열하여 박음질한다.

Tip
큰 폭의 토션 레이스는 양 옆을, 작은 폭의 토션 레이스는 가운데를 박음질해 고정시킨다

2 겉감 2장을 겉과 겉이 마주보게 놓는다.

3 세로 폭의 한쪽 옆선을 박음질한다.

4 가죽원단 2장을 겉과 겉이 마주보게 놓고, 세로 폭을 박음질한다.

5 겉감과 가죽원단을 겉과 겉이 마주보게 놓고 가로 폭을 박음질한다.

6 2온스 접착 솜의 거친 면 위에 만들어놓은 겉감을 올려놓고, 다림질해 접착한다.

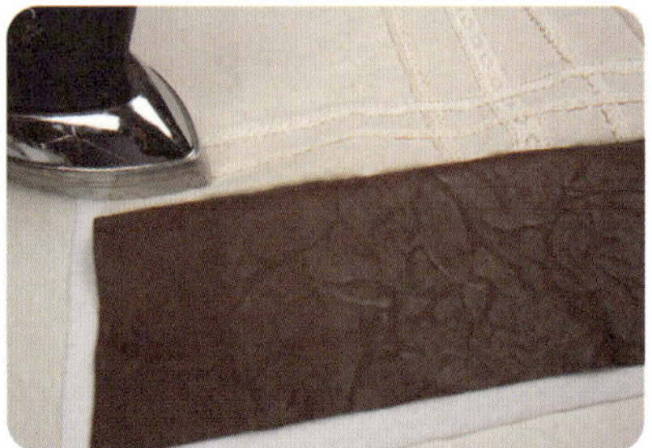

Tip
가죽 부분은 접착 솜 뒷면에서 은은하게 열을 가해 다림질한다

7 부드럽고 자연스러운 모양을 위해 종이라벨을 구긴다.

8 겉감의 토션 레이스 사이에 종이라벨을 올려놓고 양 옆의 구멍을 뚫을 자리를 표시한 후, 송곳으로 원단과 함께 뚫는다.

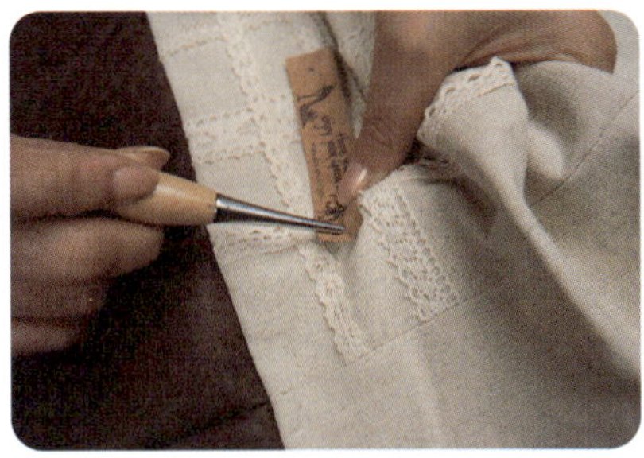

9 못 모양의 아일릿을 뒤에서 앞으로 끼운다.

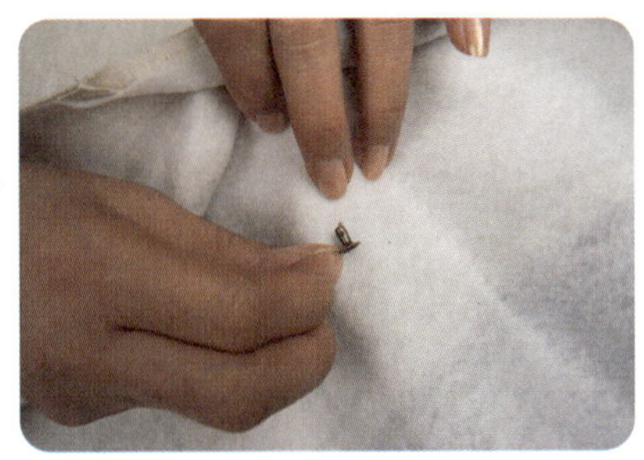

10 단추 모양의 아일릿도 앞에서 뒤로 끼운다.

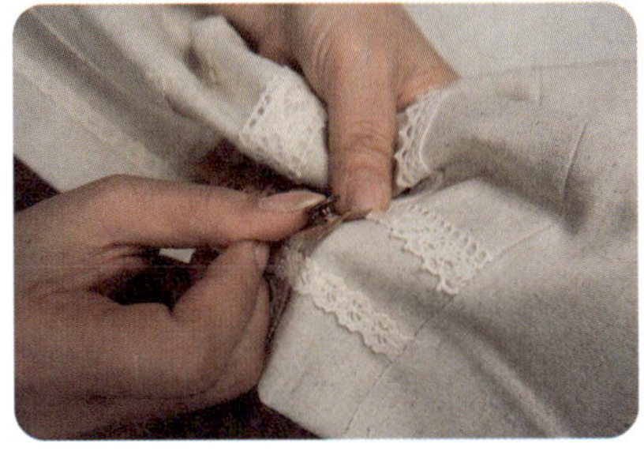

11 리벳몰드 기구를 단추 모양 아일릿에 대고, 뒷면의 못 모양 아일릿을 작은 망치로 두드려 고정시킨다. 반대편에도 동일한 방법으로 아일릿을 고정시킨다.

겉감바닥세우기

12 겉과 겉이 마주보게 반으로 접은 후, 입구 부분을 제외한 2면을 박음질한다.

13 겉감의 모서리를 삼각형 모양으로 접은 후, 솔기의 가로 3cm 들어간 곳 세로 폭 6cm를 표시한다.

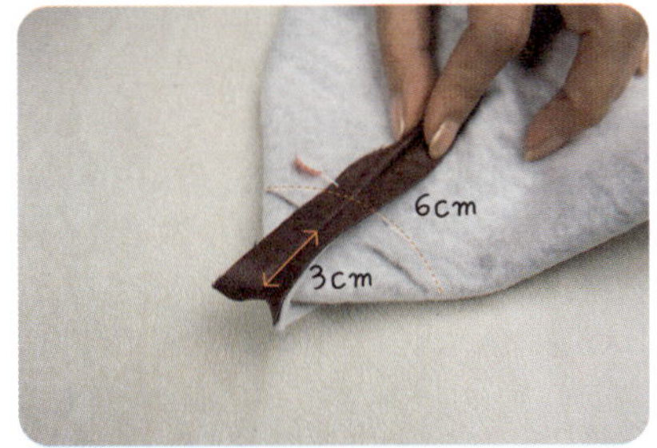

14 표시한 선에 맞추어 박음질한다. 반대쪽 모서리 역시 13번과 동일한 방법으로 만든다.

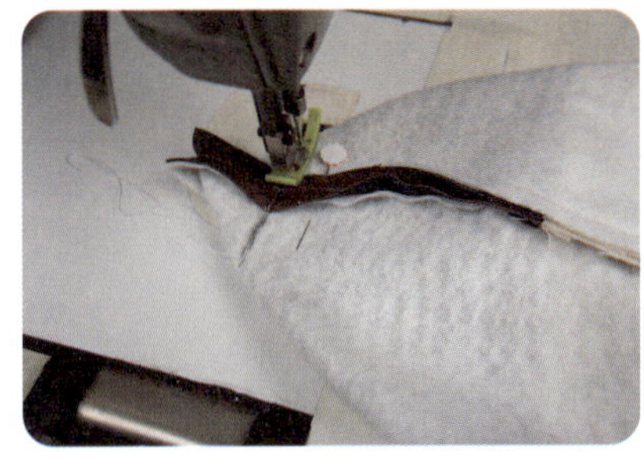

15 안감 상단 2장을 겉과 겉이 마주보게 놓고, 세로 폭을 박음질한다. 안감 하단 2장 역시 동일한 방법으로 세로 폭을 박음질한다.

16 안감 상단과 안감 하단을 겉과 겉이 마주보게 놓고, 가로 폭을 박음질한다.

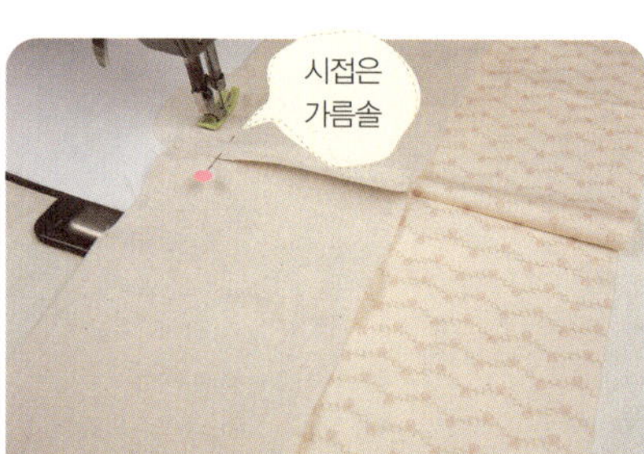

17 안감 하단을 펼친 후, 겉과 겉이 마주보도록 반으로 접어 상단을 박음질한다.

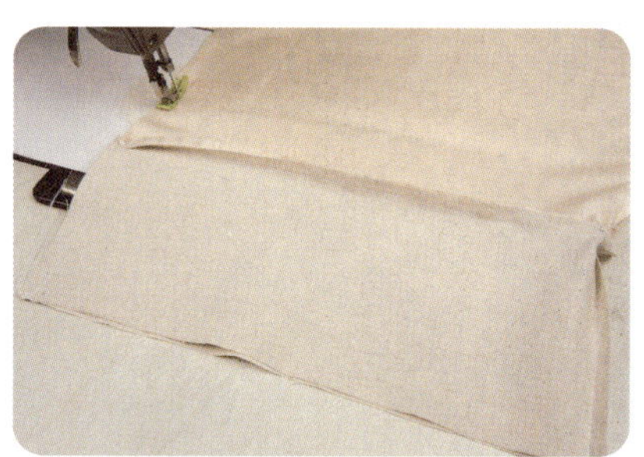

18 안감은 겉이, 겉감은 속이 나오도록 놓고 안감을 겉감 안에 집어넣는다.

19 옆선의 시접을 맞추고, 입구를 둘러 박음질한다.

20 안감을 꺼내서 겉감 밖으로 뒤집는다.

21 뒷면의 안감과 겉감의 경계에 있는 솔기를 3장 전부 안감 쪽으로 꺾는다.

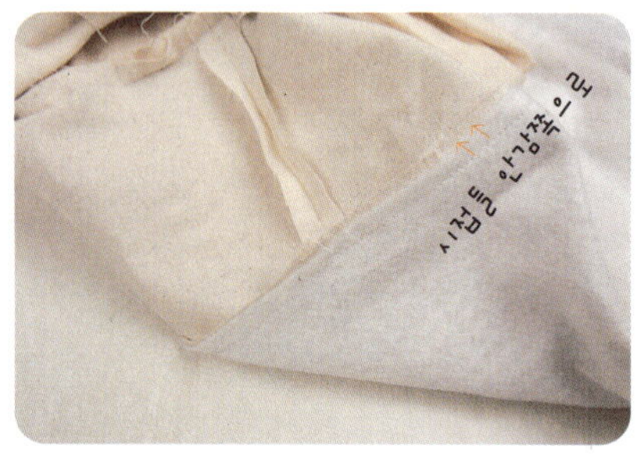

22 안감의 겉면에서 0.5cm 간격으로 눌러박는다.

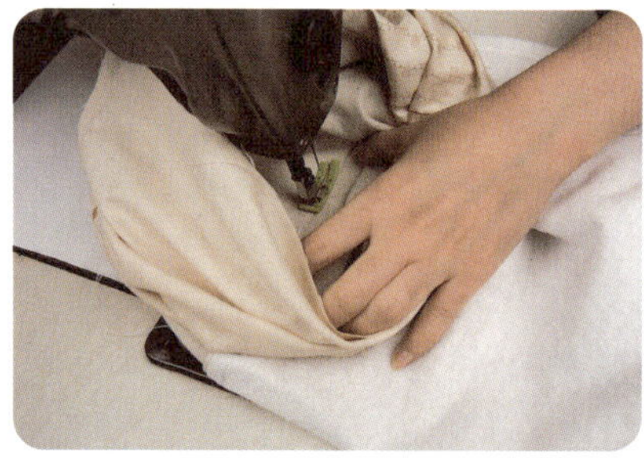

23 안감의 하단에 창구멍 7cm를 남겨 두고 박음질한다.

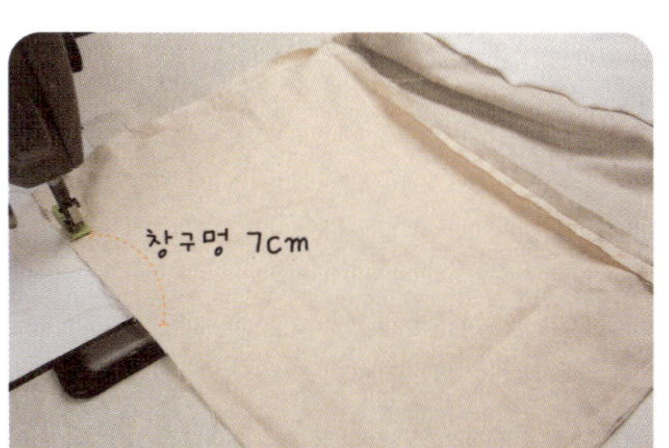

24 창구멍을 통해 뒤집는다.

25 창구멍은 박음질해 막은 후, 안감은 겉감 안에 넣는다.

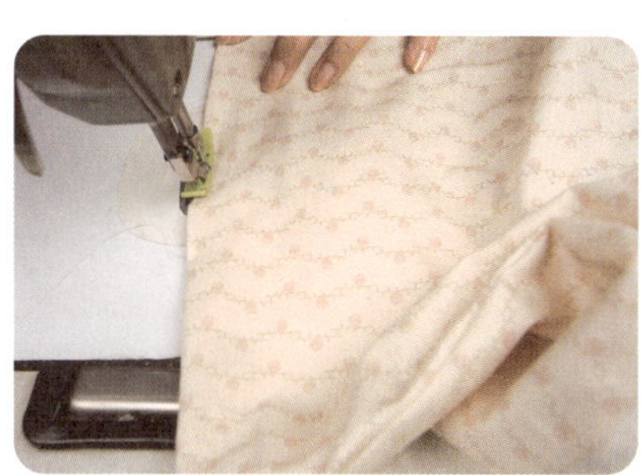

가죽 끈 연결하기

26 가방 입구의 가운데 중심을 표시한 후, 양 옆으로 7cm씩을 표시해 가 죽 끈을 올려놓는다.

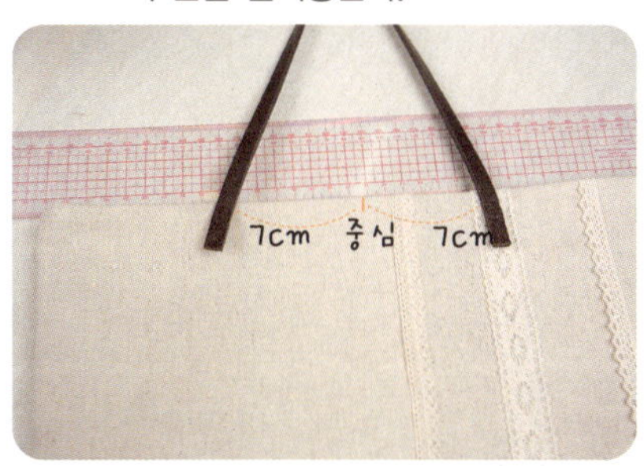

27 가죽 끈의 구멍에 맞추어 손바느질 로 고정시킨다.

28 자석 스냅을 입구의 안쪽 가운데 중심 에서 2cm 가량 내려온 곳에 손바느 질로 고정시킨다.

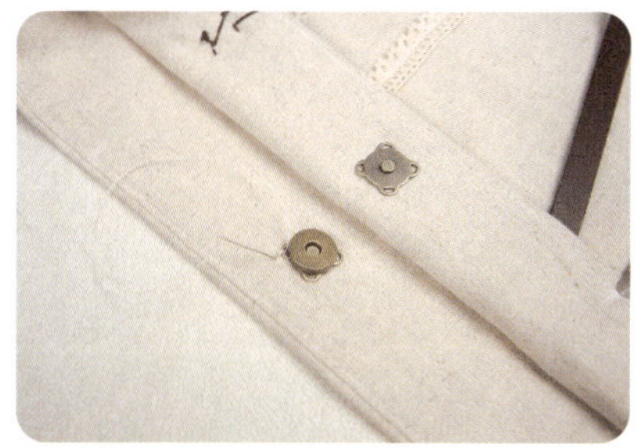

청바지로 리폼한
라운드 숄더백

못 입는 청바지, 어떻게 활용하시나요? 그냥 버리신다구요?
버리려던 청바지 중 색감이 예쁜 것을 모아서 뒷주머니를 살린 라운드 숄더백으로
리폼해 보는 것은 어떨까요. 청바지 숄더백으로 재탄생됩니다.

청바지원단, 체크면, 습식 가죽원단, 자석
스냅 1쌍

재단하기

1. 실물본을 이용해 시접 없이 재단한다.
2. 몸판은 청바지의 옆선 상침 부분이 중심이 되도록 2장 재단한다.
3. 청바지 뒷주머니는 4장을 준비한다. 만약 청바지에 박음이 너무 탄탄하다면 주머니 라인에 가깝게 바짝 잘라주면 된다.
4. 습식 가죽원단에 겉감 상단 2장을 재단하고, 여밈 부분을 10cm ×10cm로 1장 재단한다.
5. 체크면에 안감 2장을 재단한다.

1 몸판 위에 주머니를 자연스럽게 배치한 후 눌러박기해 고정시킨다.

2 몸판과 겉감 상단을 겉과 겉이 마주보게 놓는다.

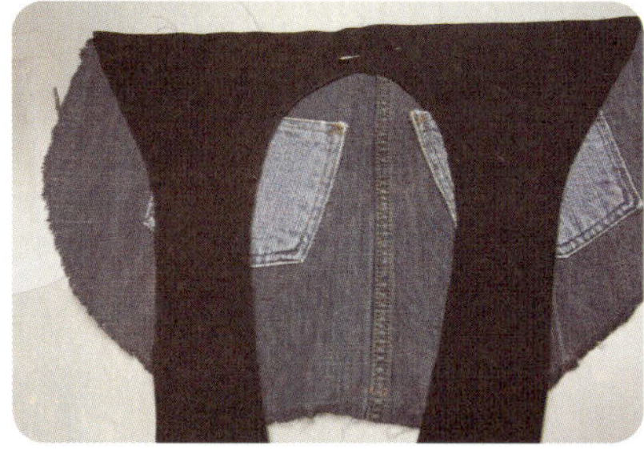

3 상단을 박음질해 잇는다.

4 몸판을 펼친 후, 가죽 쪽에서 0.5cm 간격으로 눌러박는다.

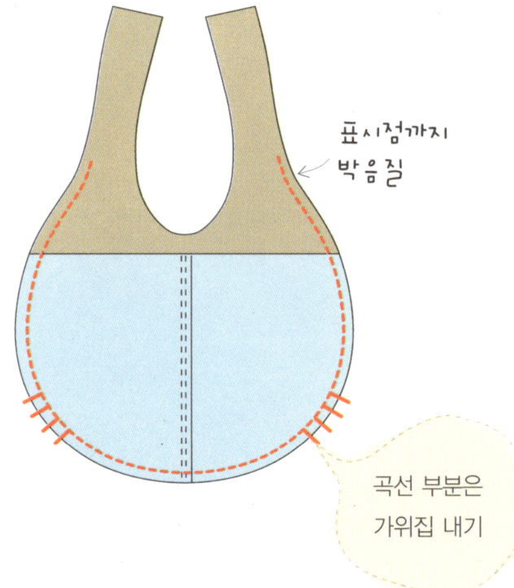

5 몸판 2장을 겉과 겉이 마주보게 놓고, 실물본에 표시된 표시점까지 가장자리를 박음질한다.

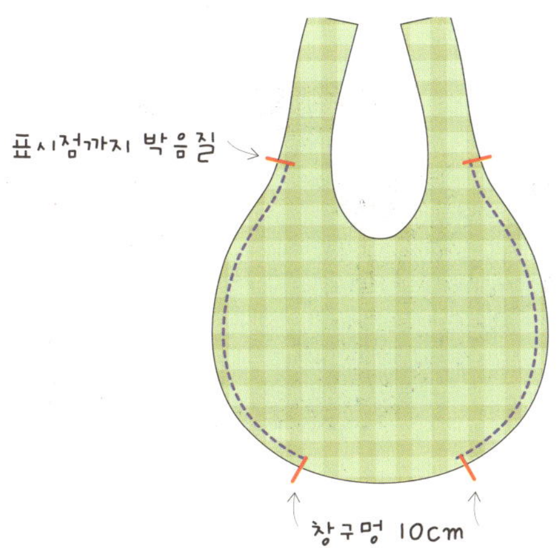

6 안감 2장 역시 겉과 겉이 마주보게 놓고, 하단에 창구멍 10cm를 남겨둔 후 실물본에 표시된 표시점까지 가장자리를 박음질한다.

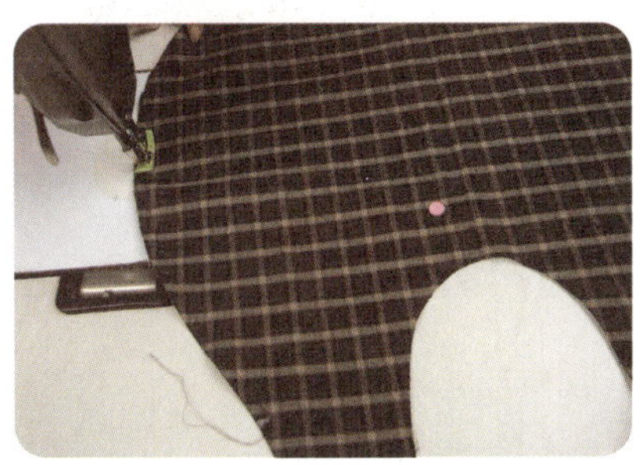

7 안감을 뒤집어 겉감 안에 넣는다.

8 겉감과 안감의 시접과 손잡이 끝부분을 일치시켜 시침핀으로 고정시킨다.

9 시작점을 3cm씩 남겨놓고 표시점까지 박음질한다.

10 곡선 부분은 가위집을 낸다.

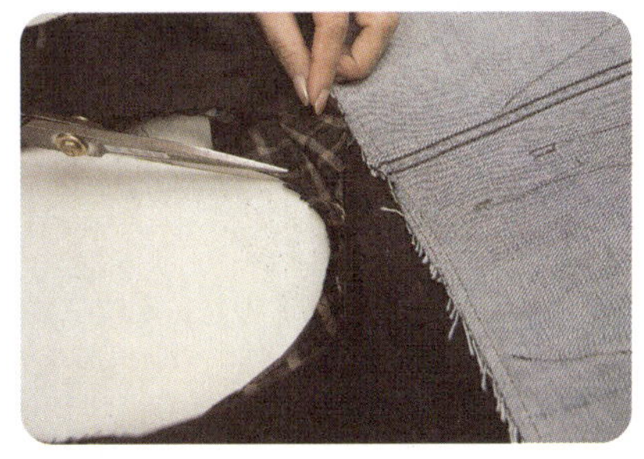

11 안감의 창구멍을 통해 뒤집는다.

12 3cm 남겨두었던 손잡이 끝 부분을 겉감은 겉감끼리, 안감은 안감끼리 겉과 겉이 마주보게 겹친다.

13 세로 폭을 박음질한다.

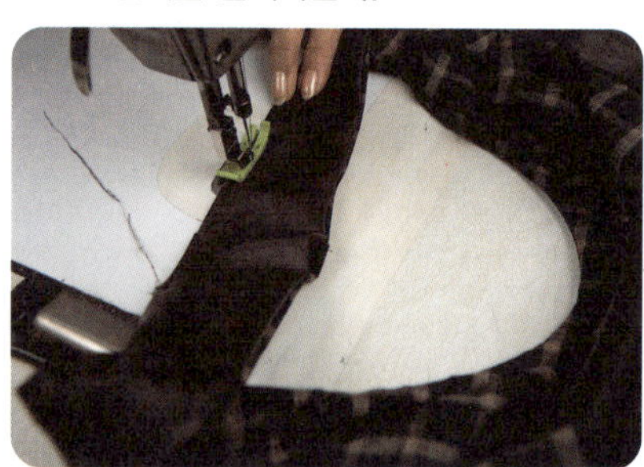

14 손잡이의 벌어져있는 남은 부분은 살짝 안쪽으로 꺾은 후, 손잡이 가죽 전체를 눌러박는다.

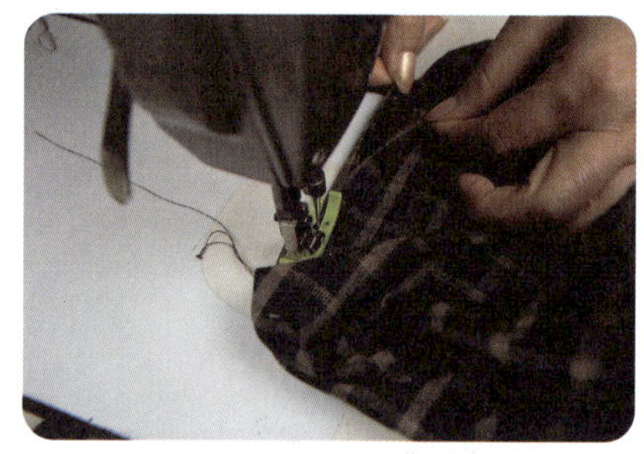

15 안감의 창구멍은 박음질해 막는다.

여밈 부분 만들기

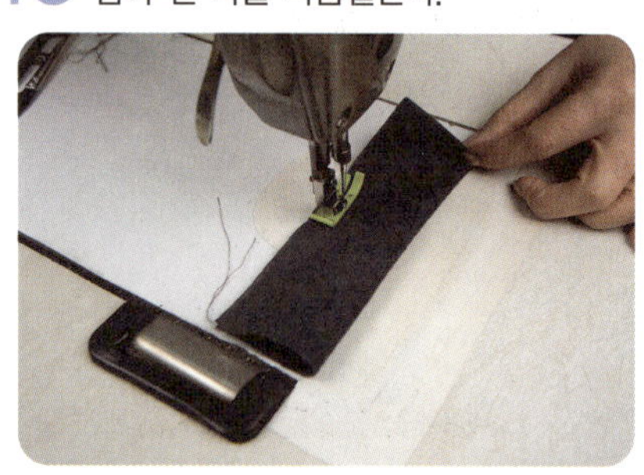

16 여밈 가죽원단은 10cm폭으로 반을 접어 긴 쪽을 박음질한다.

17 시접을 가름솔 한 후, 뒤집는다.

18 한쪽을 1cm정도 안쪽으로 접는다.

19 0.5cm 간격으로 3면을 눌러박기해 끝단처리한다.

20 몸판 상단 중앙의 안감 쪽에 여밈 부분을 놓고 박음질해 고정시킨다.

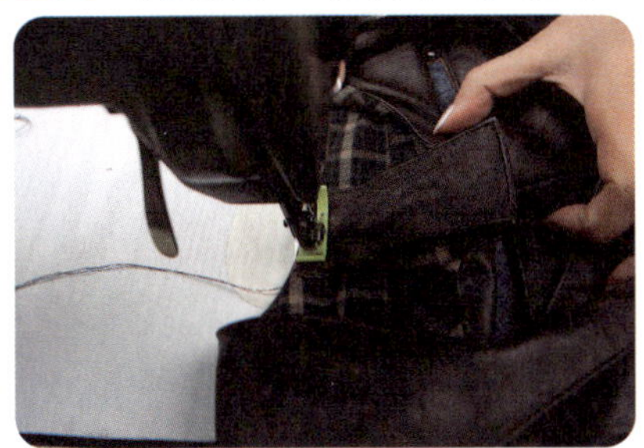

21 여밈 부분을 겉으로 넘겨 한 번 더 박음질한다.

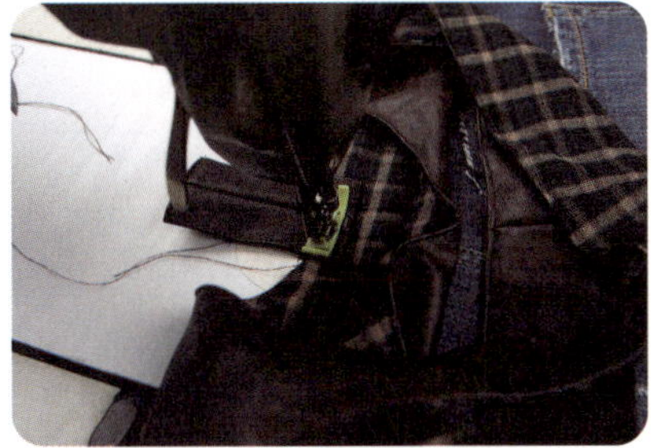

22 여밈 부분과 몸판 상단 중앙 쪽에 자석 스냅을 바느질해 고정시킨다.

패션의 완성
가죽 토트백

남녀 모두 부담 없이 들고 다닐 수 있어 하나쯤은
가지고 있는 가죽 토트백. 앞쪽에 두 개의 포켓을
달아 활용성을 더했답니다.

Come
home!
2006 vol. 5

재료

습식 가죽원단, 순면 40수 퀼트원단, 가방바닥, 가방 끈 2개, 흔들이 단추 2쌍, 지퍼, 외 노루발, 단추 구멍 노루발

재단하기

① 실물본을 이용해 시접 없이 재단한다.

② 겉감 몸판 가죽원단과 안감 몸판 40수 퀼트원단, 2온스 접착 솜을 각각 2장씩 재단한다.

③ 겉감 밑단테두리 가죽원단과 안감 밑단테두리 40수 퀼트원단, 2온스 접착 솜을 67cm×9cm로 각각 1장씩 재단한다.

④ 겉감 지퍼부분 가죽원단과 안감 지퍼부분 40수 퀼트원단, 2온스 접착 솜을 44cm×5cm로 2장씩 재단한다.

⑤ 앞주머니 가죽원단을 40cm×16cm 1장 재단한다.

⑥ 단추 여밈 부분 가죽원단을 6cm×4cm로 1장 재단한다.

⑦ 가방바닥을 32cm×7cm로 1개 준비한다.

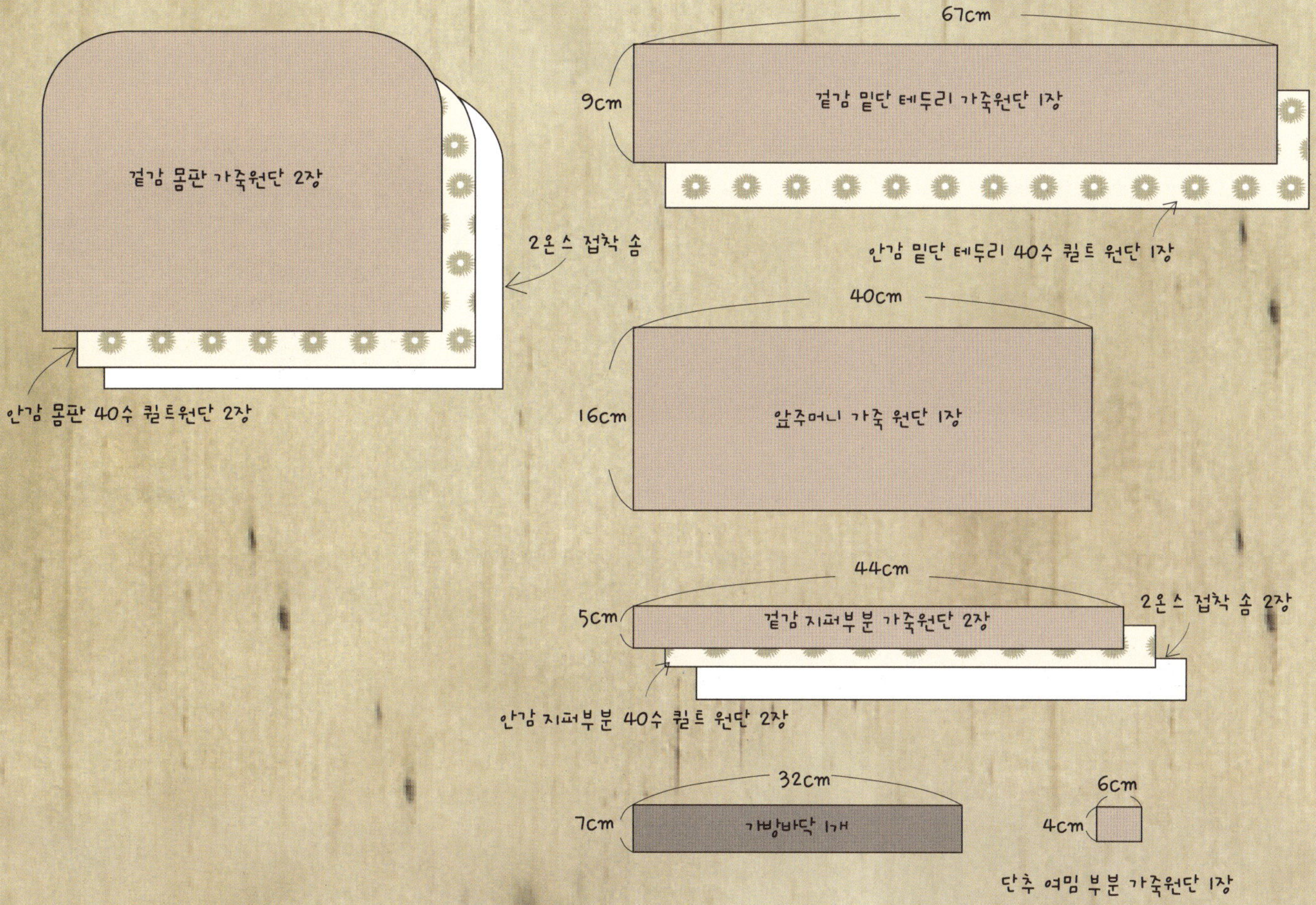

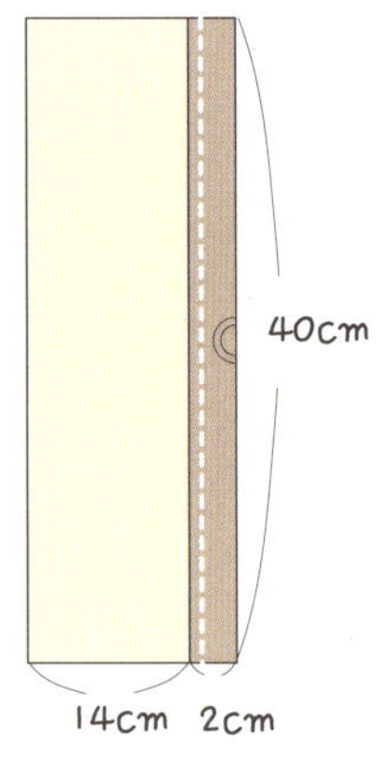

1 앞주머니의 상단을 2cm가량 접은 후 0.5cm 간격으로 눌러박는다.

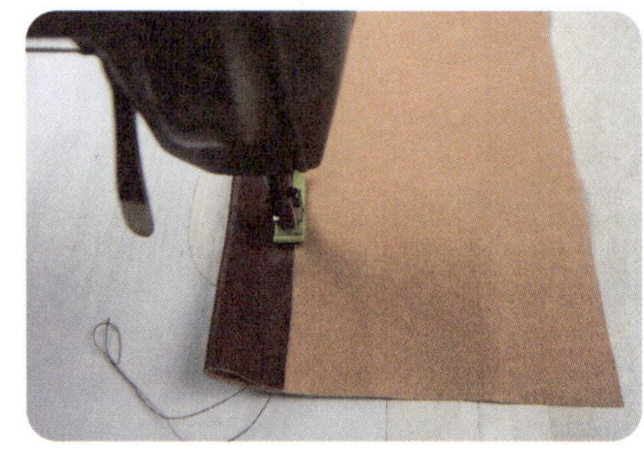

Tip

바느질 땀수를 제일 큰 번호로 놓고 박음질하고, 밀릴 우려가 있으므로 원단을 절대 당기지 말고 한 땀씩 눌러박는다

2 겉감 몸판과 앞주머니를 반을 접어 중심을 표시한 후, 중심끼리 맞추어 시침핀으로 고정시킨다.

3 중심을 맞추어 앞주머니까지만 박음질한다.

4 주머니의 양 옆선을 몸판의 끝에 맞추어 박음질한다.

5 주머니의 앞 중심을 맞주름 잡아 하단을 박음질해 고정시킨다.

6 단추 여밈 부분 가죽원단을 앞주머니의 안쪽 중앙의 겉감에 놓고 하단을 박음질해 고정시킨다.

7 앞주머니 상단 중심에 흔들이단추를 달 부분을 송곳으로 구멍을 낸다.

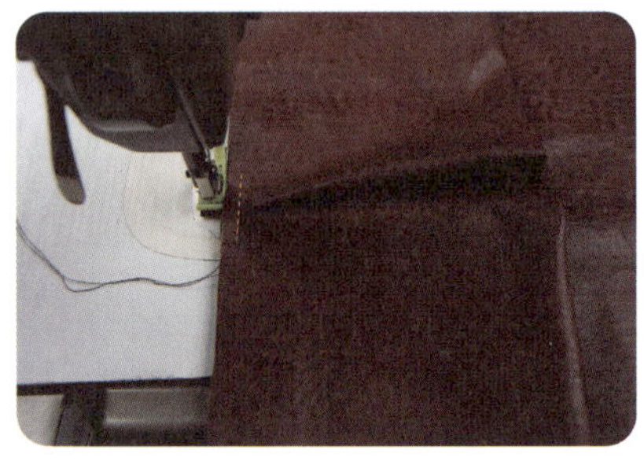
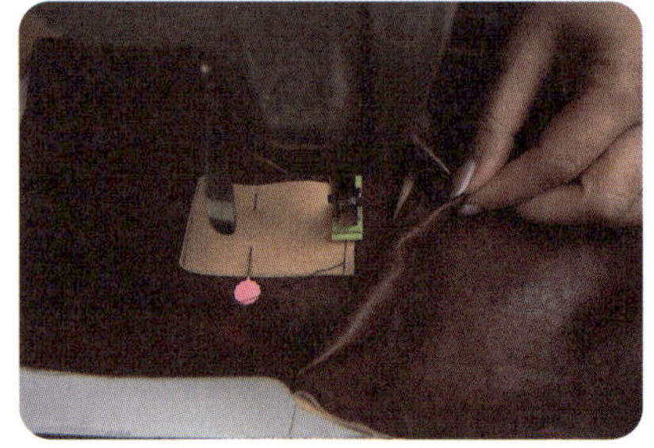

8 뒷면에 못 모양 단추 뒷부분을 끼운다.

9 앞면에 흔들이 모양 단추 앞부분을 끼운다.

10 뒷면에서 망치로 두들겨 고정시킨다.

11 단추 구멍 노루발로 교체 후, 단추 여밈 부분에 1.5cm 박음질해 단추 구멍을 만든다.

12 박음질한 단추 구멍의 사이를 잘라준다. 반대편 단추 여밈 부분 역시 동일한 방법으로 단추 구멍을 만든다.

13 외 노루발로 교체 후, 겉감 지퍼부분 가죽원단과 지퍼를 겉과 겉이 마주보게 놓고 박음질한다.

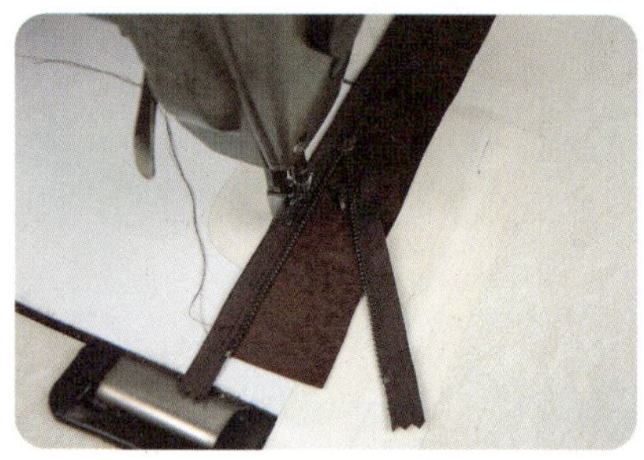

14 남은 지퍼 한쪽 면 역시 남은 지퍼부분 가죽원단과 겉과 겉이 마주보게 놓고 박음질한다.

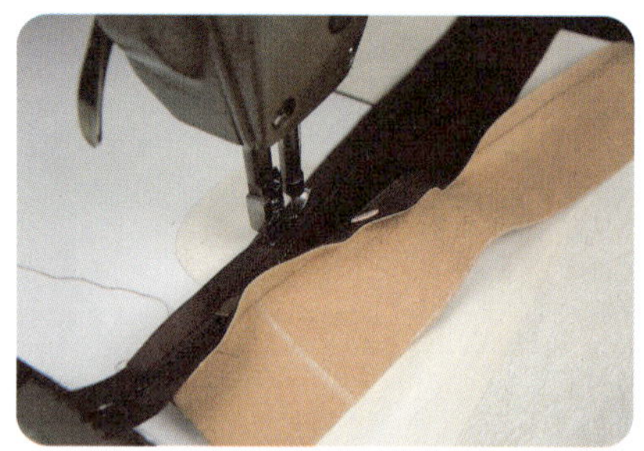

15 평 노루발로 교체 후, 완성된 지퍼와 겉감 밑단테두리 가죽원단을 겉과 겉이 마주보게 놓고, 세로 폭의 양 옆을 박음질한다.

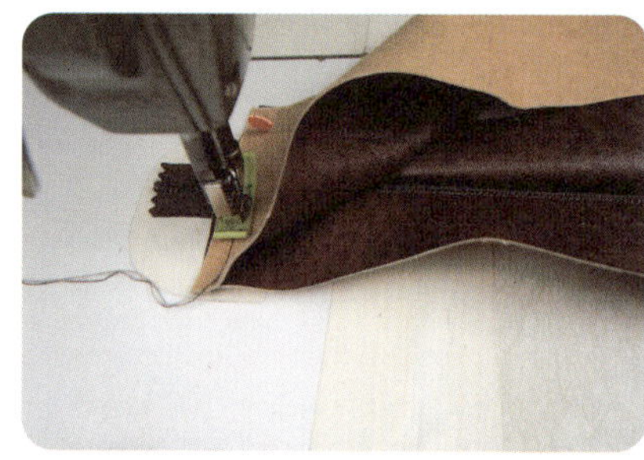

Tip
쇠 지퍼와 바늘이 부딪혀
깨지지 않도록 주의!

앞뒤판 연결하기

16 앞판 하단 중심과 밑단테두리의 중심을 맞추어 전체를 시침핀 고정 후 박음질한다.

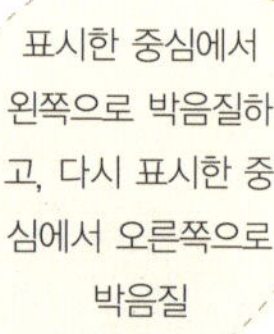

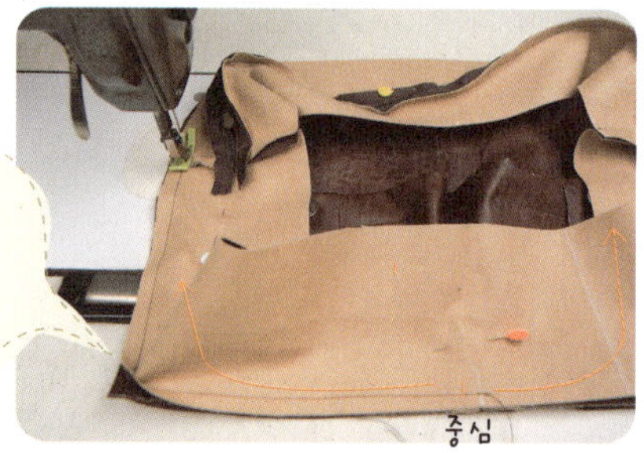

17 남은 겉감 몸판 1장의 중심을 표시한 후, 만들어놓은 몸판에 겉과 겉이 마주보게 놓고, 밑단테두리에 시침핀 고정 후 전체 박음질한다.

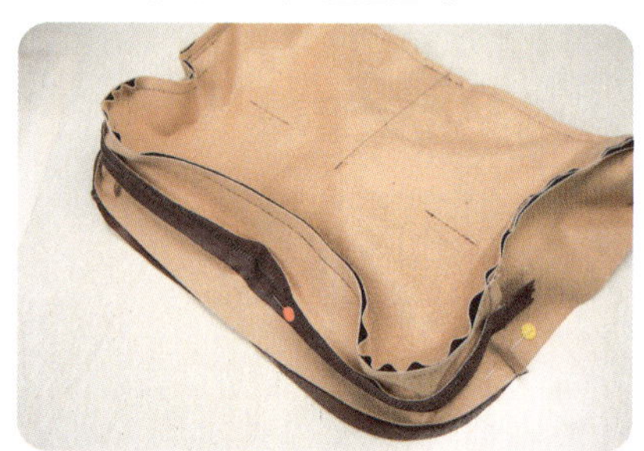

18 밑단의 모서리 4곳 시접에 가위집을 내고, 지퍼 쪽의 곡선 부분에도 가위집을 낸다.

19 지퍼를 열어서 뒤집는다.

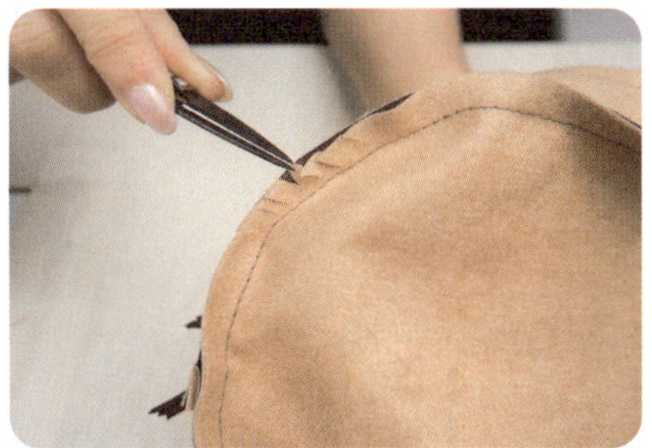

20 가방바닥의 4곳 모서리를 송곳으로 구멍을 낸다.

21 몸판 바닥 시접에 맞추어 손바느질로 느슨하게 연결해 가방 바닥을 고정한다.

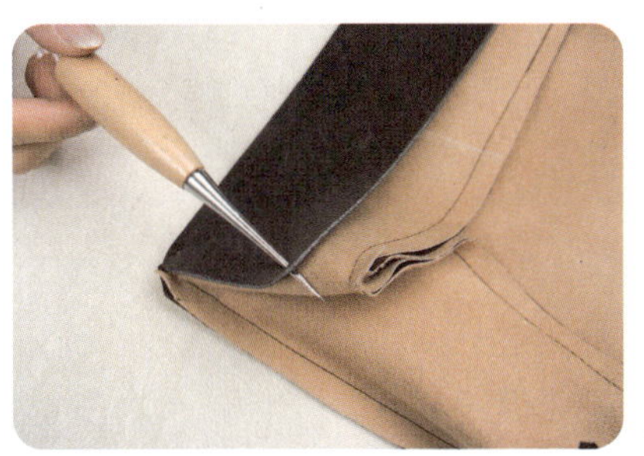

22 안감 원단 모두 2온스 접착 솜의 거친 면 위에 올려놓고 다림질해 접착한다.

23 안감 지퍼부분 2장 모두 가로를 7cm 정도 접어, 안감 밑단 테두리와 겉과 겉이 마주보게 놓고, 세로 폭의 양 옆을 박음질한다.

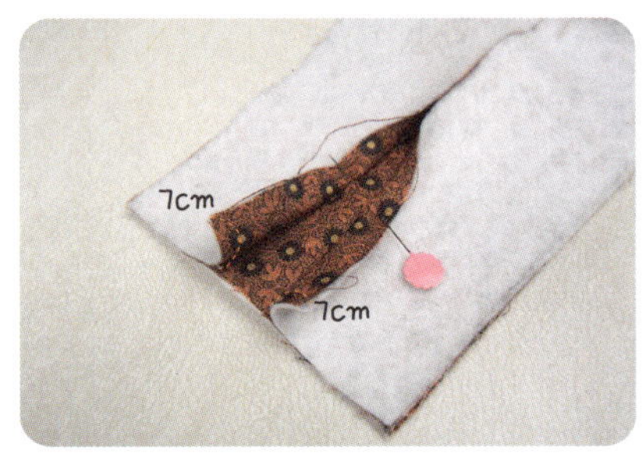

24 안감 몸판의 중심과 밑단테두리 중심을 표시한 후, 표시한 부분을 맞추어 전체를 시침핀 고정 후 박음질한다.

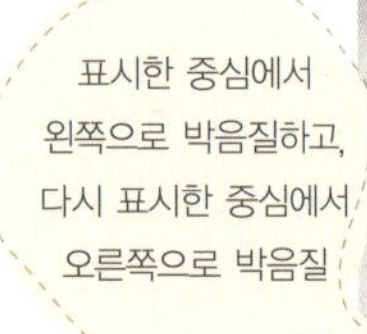

25 남은 안감 몸판 1장을 만들어놓은 몸판에 겉과 겉이 마주보게 놓고, 밑단테두리 하단에 시침핀 고정 후 전체 박음질한다.

26 겉감 몸판 안에 안감 몸판을 집어 넣는다.

27 지퍼 입구를 안감과 겉감을 함께 공그르기해 잇는다.

28 가죽 끈을 주머니의 흔들이단추와 중심을 맞춰 몸판 상단에 놓고, 손바느질로 고정시킨다.

055 ● 가죽 토트백

실내에서 편하게 신을 수 있는 룸 슈즈는 누구나 좋아하는 실내화예요.
여러 개를 만들어 가족끼리 또는 연인끼리 커플 슈즈로 신어도 재미있겠지요.

재료

리넨원단, 순면 40수 퀼트나염원단,
습식 가죽원단, 미끄럼방지원단, 2온스
접착 솜, 4온스 솜, 포인트 라벨

재단하기

① 실물본을 이용해 시접 없이 재단한다. (성인 240mm 기준)

② 리넨원단에 겉감 발등 2장을 재단한다.

③ 습식 가죽원단에 겉감 2장, 포인트 2장을 재단한다.

④ 순면 40수 퀼트 나염원단에 안감 발등 2장과, 안감 바닥 2장
을 재단한다.

⑤ 2온스 접착 솜은 발등에 맞추어 2장 재단하고, 4온스 솜은 바
닥에 맞추어 2장 재단한다.

⑥ 미끄럼방지원단은 바닥에 맞추어 2장 재단하고, 포인트 라벨
은 2장을 준비한다.

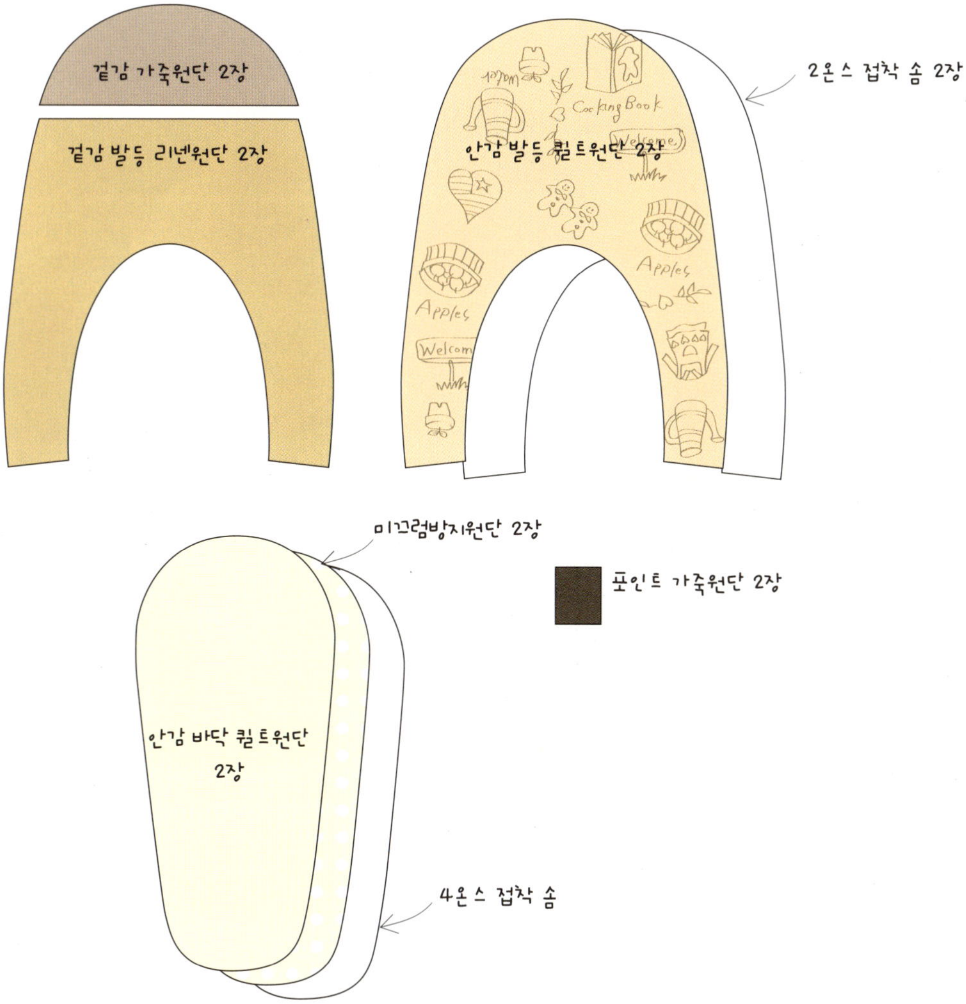

1 겉감 발등과 가죽원단을 겉과 겉이 마주 보게 놓는다.

2 상단 부분을 박음질해 연결한다.

3 2온스 접착 솜의 거친 면 위에 겉감 을 올려놓고 다림질해 접착한다.

4 겉감을 겉과 겉이 마주보도록 반으로 접은 후, 뒤꿈치 부분을 박음질한다.

5 겉감 중심에 포인트 라벨을 올려놓고, 양 옆을 손바느질해 고정시킨다.

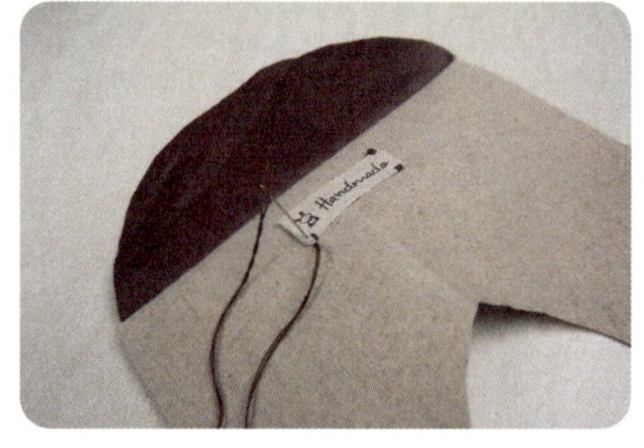

Tip

손바느질 할 때 20수 스케치사를
활용하면 좋다

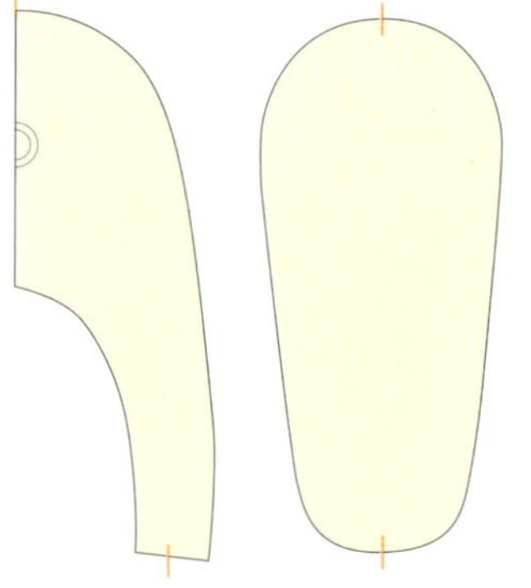

6 4온스 솜 위에 미끄럼방지원단을 올려놓 는다.

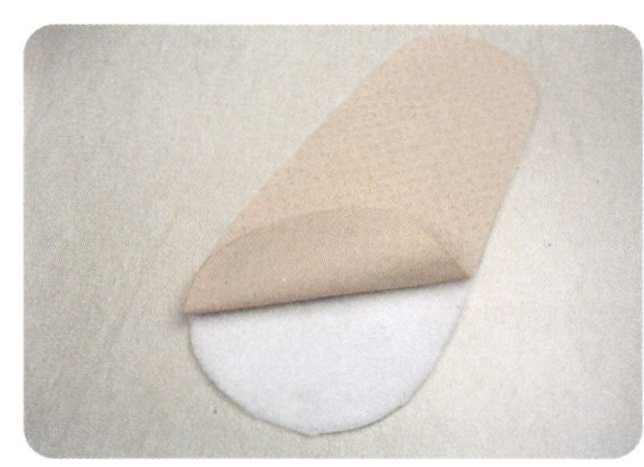

7 세로로 반을 접어 앞 중심과 뒷 중심을 표시한다.

8 겉감의 중심과 바닥의 중심을 맞추어 시침핀으로 고정시킨다.

 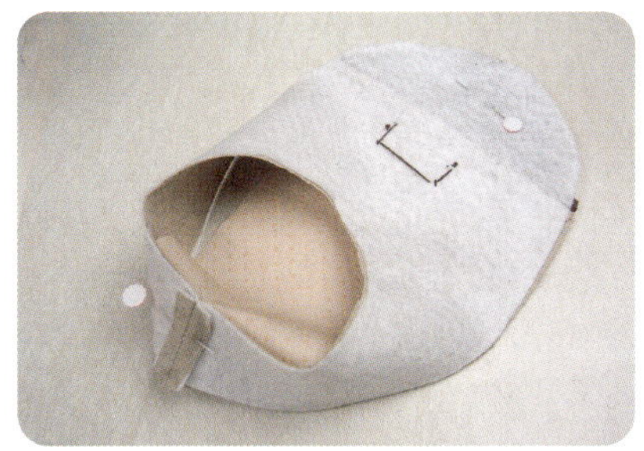

9 뒤꿈치 부분부터 둘러 박음질한다.

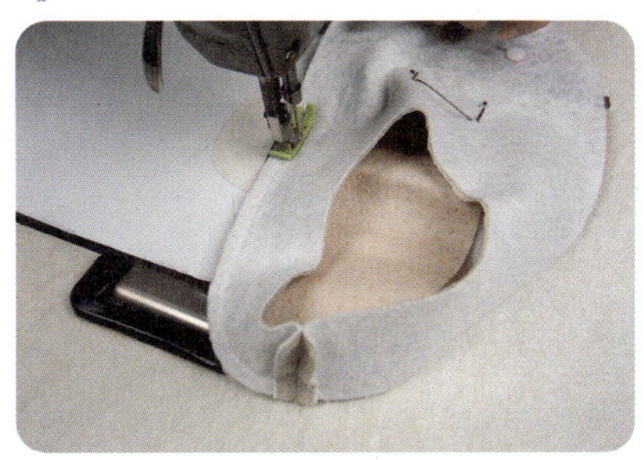 

안감과 겉감 합복하기

10 안감 발등을 겉과 겉이 마주보도록 반으로 접은 후, 뒤꿈치 부분을 박음질한다.

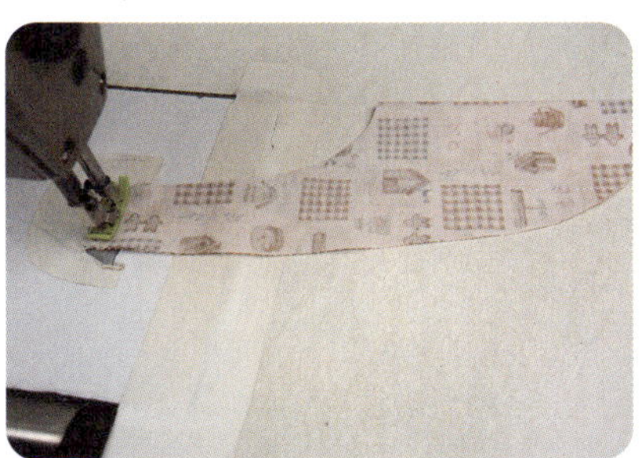

11 안감을 뒤집어 겉감의 안쪽에 집어넣는다.

12 안감과 겉감의 뒤꿈치 사이에 가죽조각을 반으로 접어 끼운다.

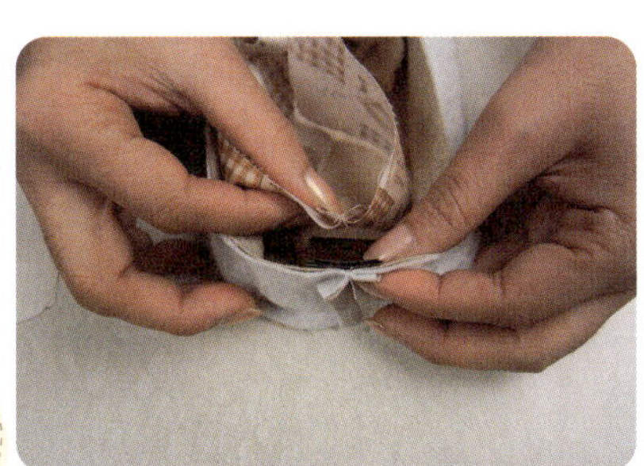

13 발목 부분 전체를 둘러 박음질한다.

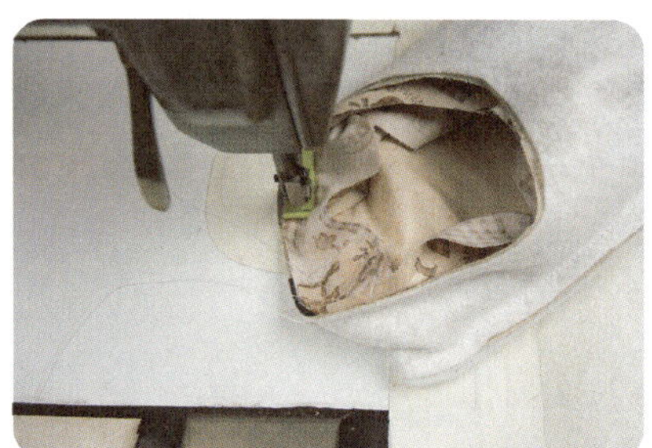

14 발등의 곡선 부분은 가위집을 낸다.

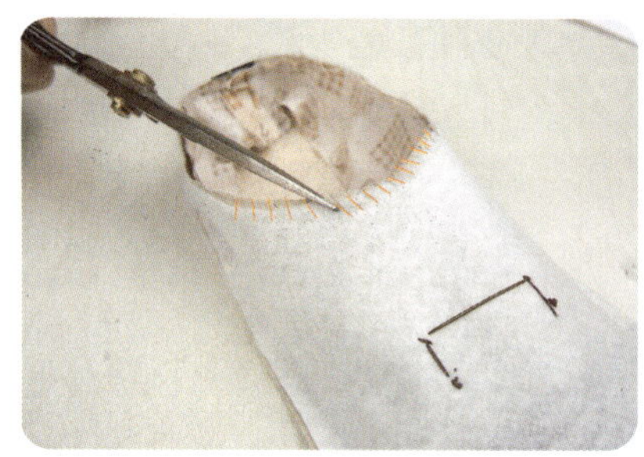

15 안감을 겉으로 뒤집어 꺼낸다.

16 몸판과 안감 바닥에 앞 중심과 뒷 중심을 표시한 후, 중심에 맞추어 겉과 겉이 마주보게 올려놓고 시침 핀으로 고정시킨다.

17 옆선에 창구멍 6cm를 남겨놓고 둘러 박음질한다.

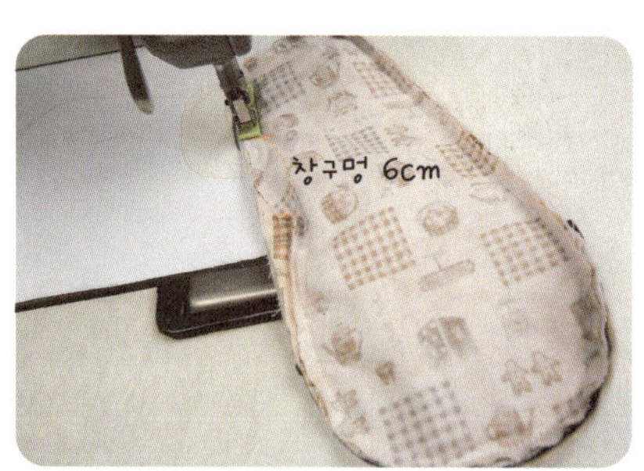

18 테두리의 시접 부분을 반 정도 잘라 정리해준다.

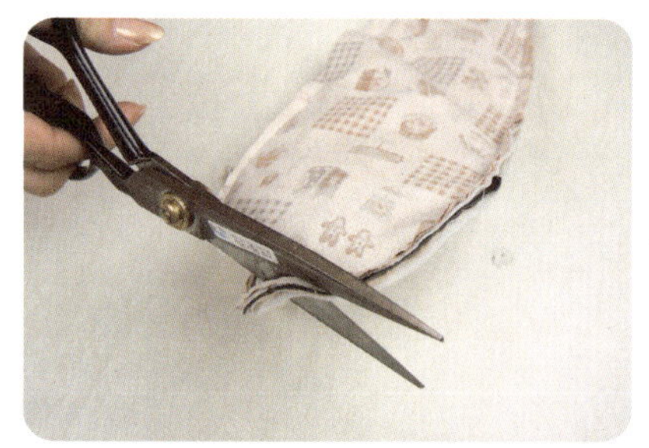

19 창구멍을 통해 뒤집는다.

20 창구멍은 공그르기해 막는다.

21 남은 한쪽 역시 동일한 방법으로 만든다.

건강과 환경을 생각한
대안 생리대

대안 생리대는 지구의 환경 문제와 여성의 피부 트러블을 개선한 건강한 생리대예요.
세탁해 다시 사용할 수 있어 친환경적이고, 순면을 사용해 피부의 자극을 줄여주어
피부가 예민한 사람들도 편안하게 사용할 수 있답니다. 여성들에게 적극 추천해요.

재료

흡수 항균 융, 순 면, 방수원단, 내부 흡
수 흰 융, 스냅 1쌍 (혹은 아일릿 펀치
도구)

재단하기

① 실물본을 이용해 시접 없이 재단한다.

② 겉감 흡수 항균 융, 뒷면 순면, 방수원단을 1장씩 재단한다.

③ 내부 흡수 흰 융은 3번 접어 필요량을 준비한다.

1 겉감 흡수 항균 융과 뒷면을 겉과 겉이 마주보게 놓는다.

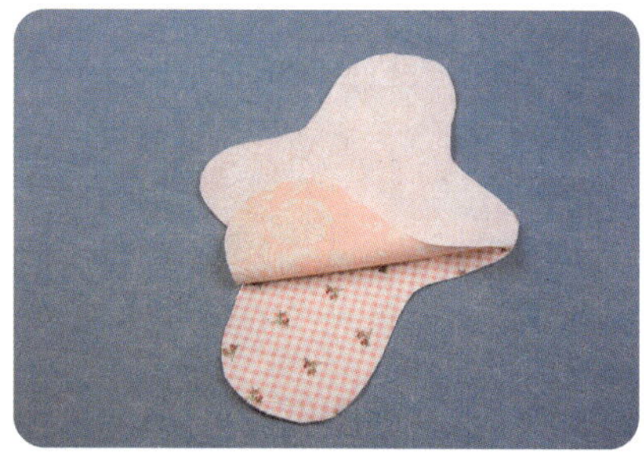

2 그 위에 내부 흡수 흰 융과 방수원단을 올린다.

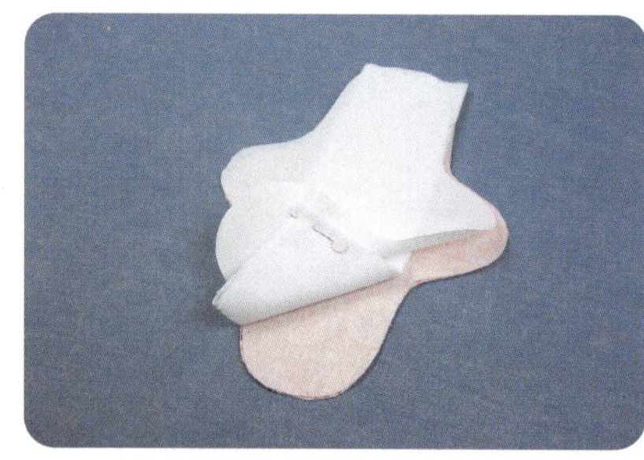

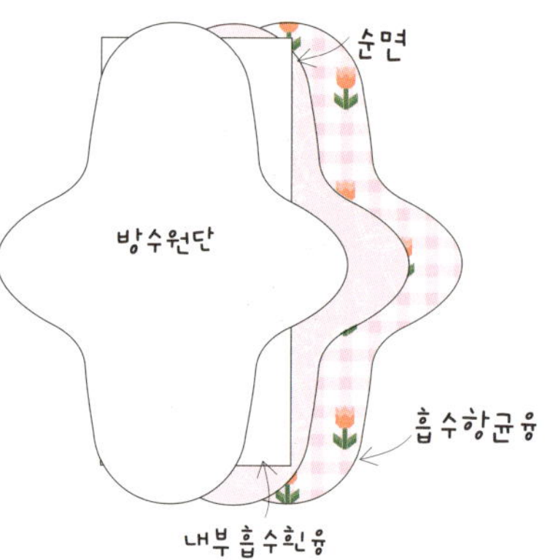

3 윗부분에 창구멍을 남겨놓고 전체를 둘러 박음질한다.

Tip

방수원단에 구멍이 나는 것을 최소화하기 위해 시침핀은 최대한으로 줄이기

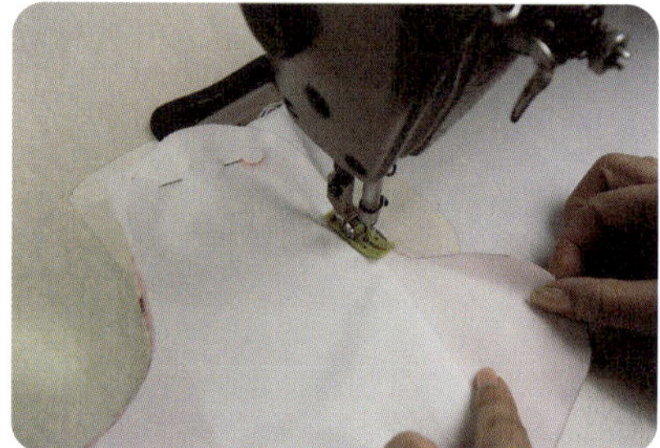

4 밖으로 나온 흰 융은 모양에 맞추어 잘라낸다.

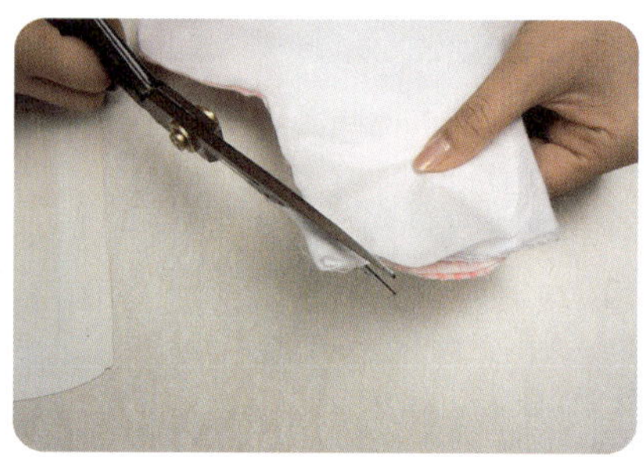

5 네 곳의 곡선 부분은 가위집을 낸다.

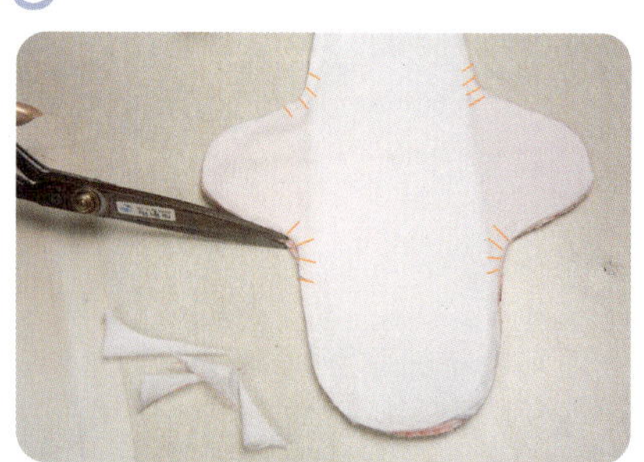

6 상단의 방수 천과 흡수 융의 윗부분을 잘라낸다.

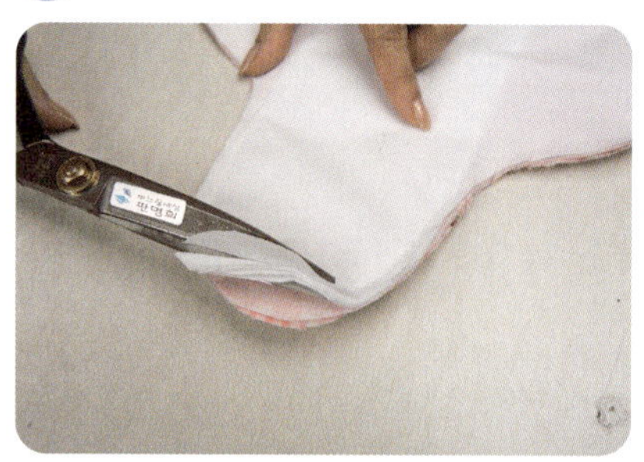

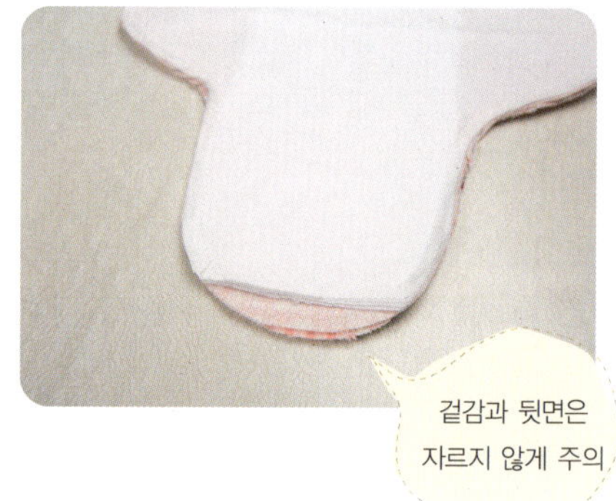

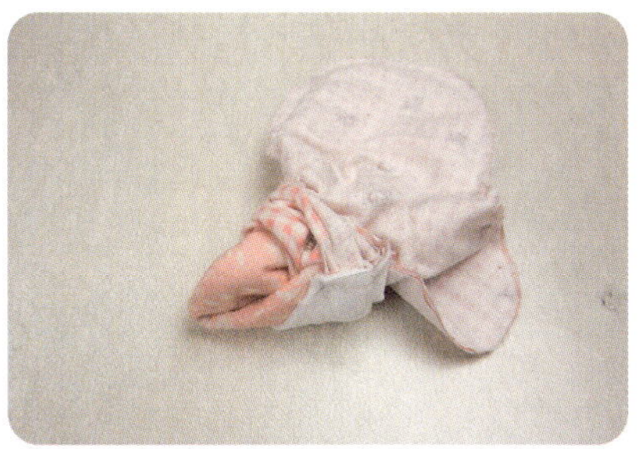

7 겉감과 뒷면사이로 뒤집는다.

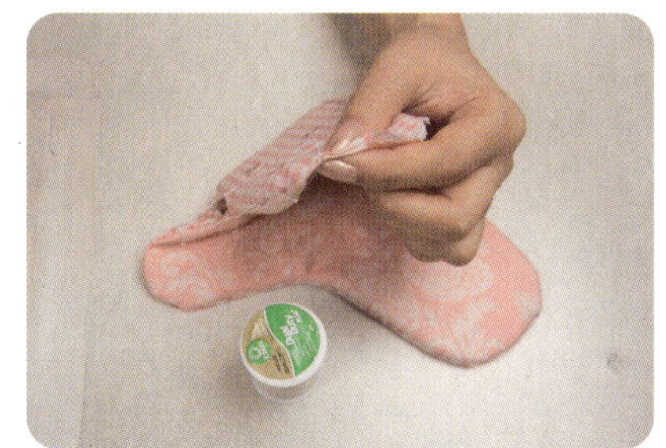

8 창구멍은 공그르기해 막는다.

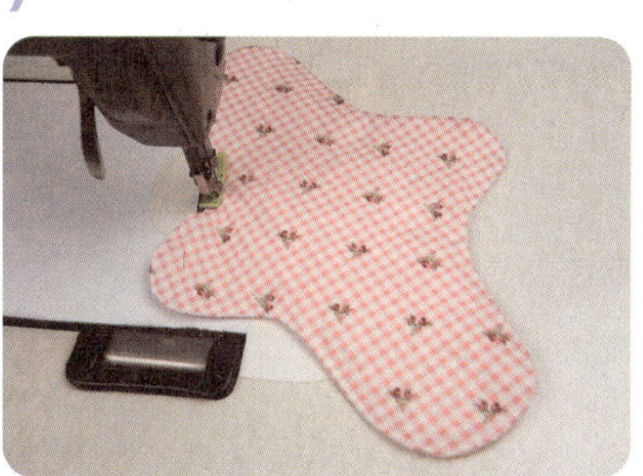

9 겉에서 0.5cm 간격으로 눌러박는다.

10 여밈을 위해 날개 양쪽에 스냅을 달면 편리하다.

대안생리대 세탁 방법 ★

사용한 생리대를 찬물에 30여분 담구어 두면 혈열이 충분히 빠진다. 우러난 혈열은 변기통에 버린 후 세제로 손세탁하는데, 헹구면서 짜는 것을 반복하면 방수원단까지 깨끗이 세탁된다.

I Love Sewing

노랫소리 같은 웃음소리
Children

멋쟁이 꼬마신사 코듀로이 베스트

활동적인 아이를 위한 청 데님 반바지

하늘하늘 시원한 원피스&두건

두 가지 컬러의 조합 나글란 배색 티셔츠

귀여운 속바지 레이어드 팬츠

우리아이 감지를 위한 귀마개 모자

사랑스러운 귀마개 방울 보넷

따뜻한 겨울을 위한 망토

멋쟁이 꼬마신사
코듀로이 베스트
아이에게 티셔츠만 입히기 밋밋한 날에는 베스트를 살짝 걸쳐주세요.
등에는 큼직한 곰돌이 와펜으로 포인트를 주고,
허리를 조르개로 연결해 아이의 활동성에도
방해되지 않도록 만들어보았어요.

재료

코듀로이원단, 배색나염 순면 융, 골지
조르개(시보리)원단, 4온스 접착 솜,
장식 와펜, 단추 4개, 포인트 라벨, 단추
구멍 노루발

재단하기

❶ 실물본을 이용해 시접 없이 재단한다. (4~5세 기준)

❷ 코듀로이원단에 겉감 앞판 2장, 겉감 뒤판 1장을 재단하고,
배색나염 순면 융에 안감 앞판 2장, 안감 뒤판 1장을 재단한다.

❸ 4온스 접착 솜 역시 앞판 2장, 뒤판 1장씩 재단한다.

❹ 골지 조르개원단에 뒤판 연결 부분을 2장을 재단한다.

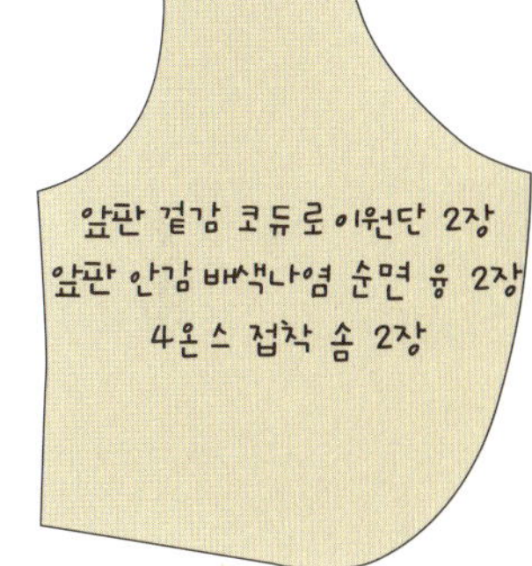

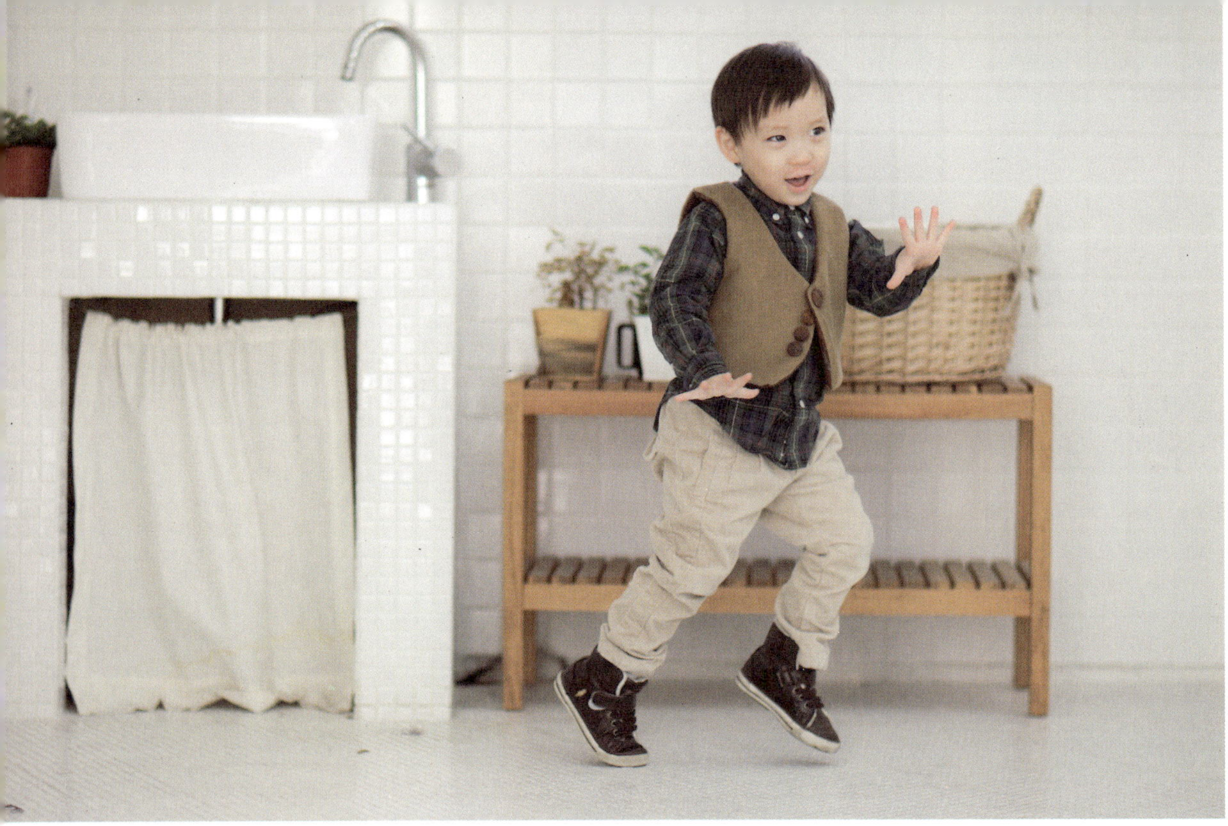

겉감만들기

1 겉감 뒤판의 허리 부분에 뒤판 연결 조르개를 겉과 겉이 마주보게 놓는다.

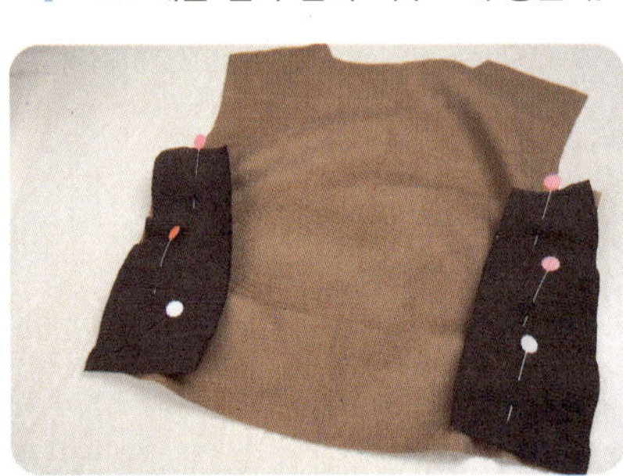

2 박음질해 연결한 후, 시접은 가름솔로 정리해둔다.

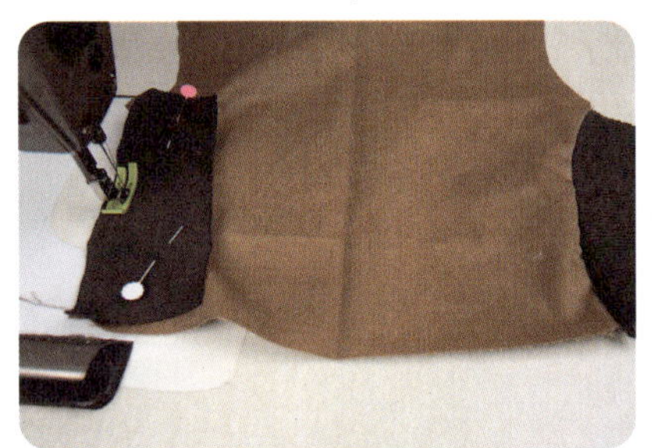

3 뒤판 상단 중앙에서 5cm정도 내려와 장식 와펜을 올려놓고 라인대로 박음질한다.

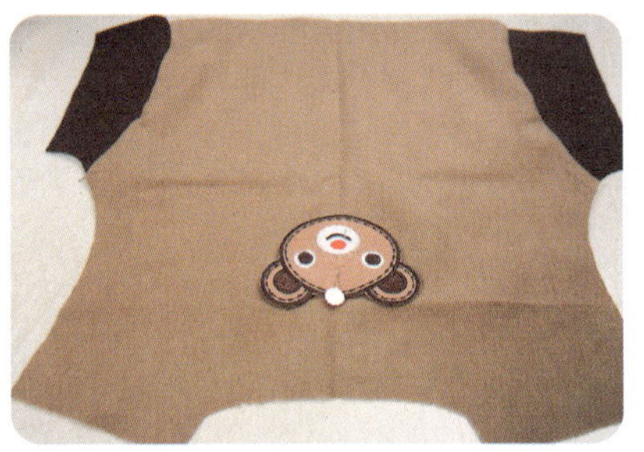

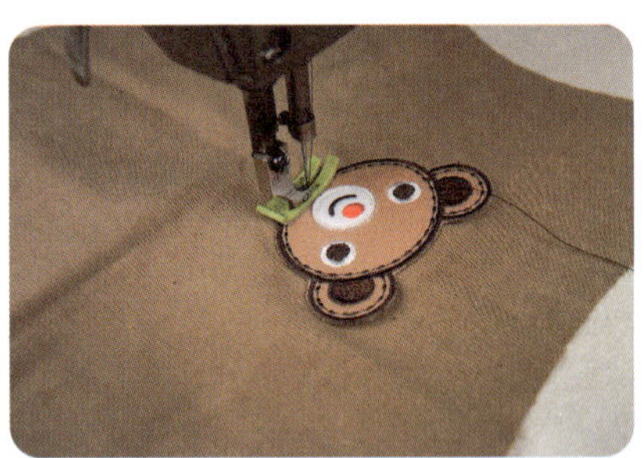

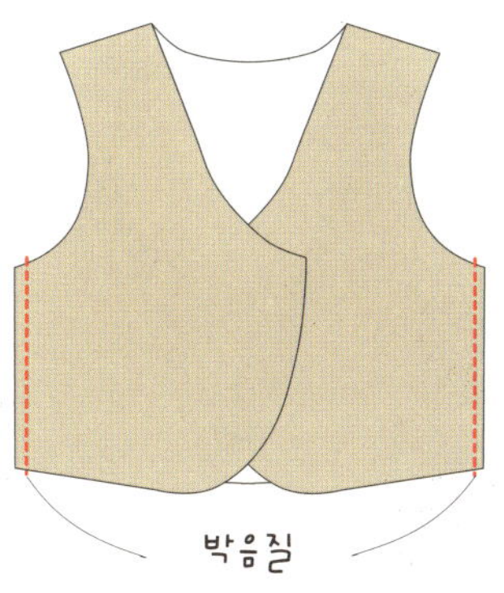

4 겉감 뒤판 위에 겉감 앞판 2장을 겉과 겉이 마주보게 놓고, 옆선의 허리 부분을 박음질한다.

5 겉감을 펼쳐 4온스 접착 솜의 거친 면 위에 놓고 다림질해 접착한다.

6 안감 뒤판 위에 안감 앞판 2장을 겉과 겉이 마주보게 놓는다.

7 옆선의 허리 부분을 박음질한다.

8 안감 상단 중앙에서 2cm정도 내려와 포인트 라벨을 놓고 양 옆을 박음질해 고정시킨다.

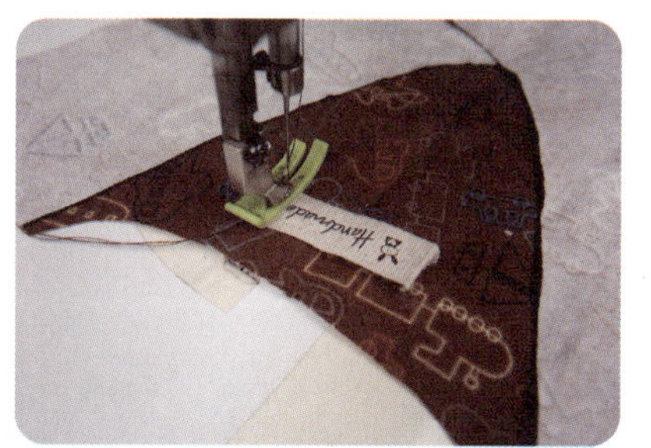

9 겉감과 안감을 겉과 겉이 마주보게 놓고, 시작점을 3cm씩 남겨두고 일러스트의 순서대로 박음질한다. 이때 하단에 창구멍 10cm 정도를 남겨놓은 후 박음질하고, 곡선 부분은 5mm 간격으로 가위집을 촘촘히 낸다.

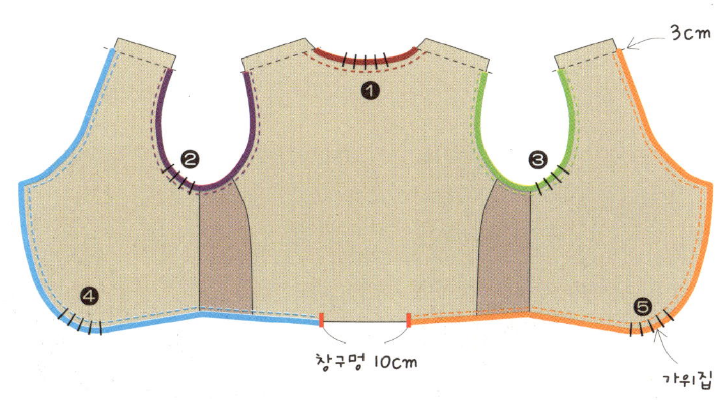

10 창구멍을 통해 뒤집는다.

11 앞판 어깨와 뒤판 어깨를 겉감은 겉감끼리, 안감은 안감끼리 겉과 겉이 마주보게 놓고 박음질한다.

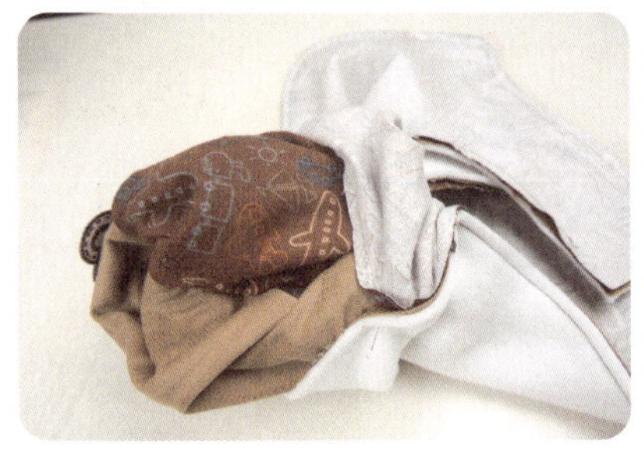

12 창구멍 안으로 손을 넣어 어깨 부분을 끌어당겨 밖으로 꺼낸 후, 어깨의 3cm 남겨둔 부분을 박음질한다.

13 하단의 창구멍은 공그르기해 막는다.

14 몸판 오른쪽 앞부분에 단추 4개를 나란히 달고, 몸판 왼쪽 앞부분에 첫 번째 단추에 맞춰 단추 구멍을 낸다.

활동적인 아이를 위한
청 데님 반바지
청 데님 스판원단을 사용해 청바지를 만들었어요. 스판 청바지의 편안함과
캐주얼함은 아이의 활동성에 무리가 가지 않으면서 즐겨 입기에도 예쁘답니다.

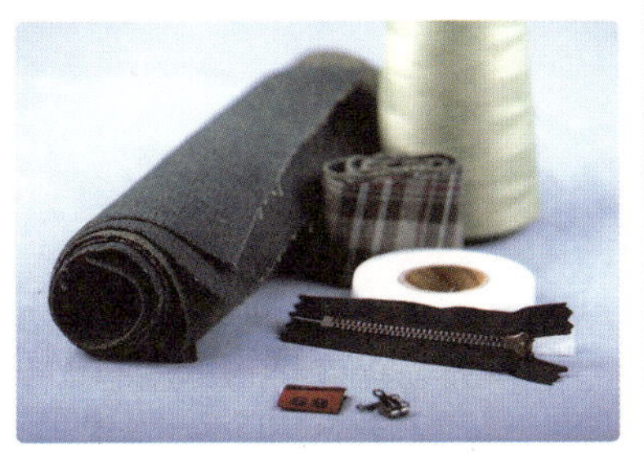

재료

청 데님 스판원단, 배색 체크원단, 청바지 전용 지퍼, 포인트 라벨, 접착 다대 테이프, 후크, 외 노루발, 청바지 실

재단하기

1 실물본을 이용해 시접 없이 재단한다. (4~5세 기준)

2 청 데님원단에 앞판 2장, 뒤판 2장, 주머니 2장, 지퍼 밑단 1장, 겉감 허릿단 1장을 재단한다.

3 배색 체크원단에 안감 허릿단 1장을 재단한다.

4 바늘은 두꺼운 소재를 박음질 할 때 좋은 16호 바늘로 세팅 한다.

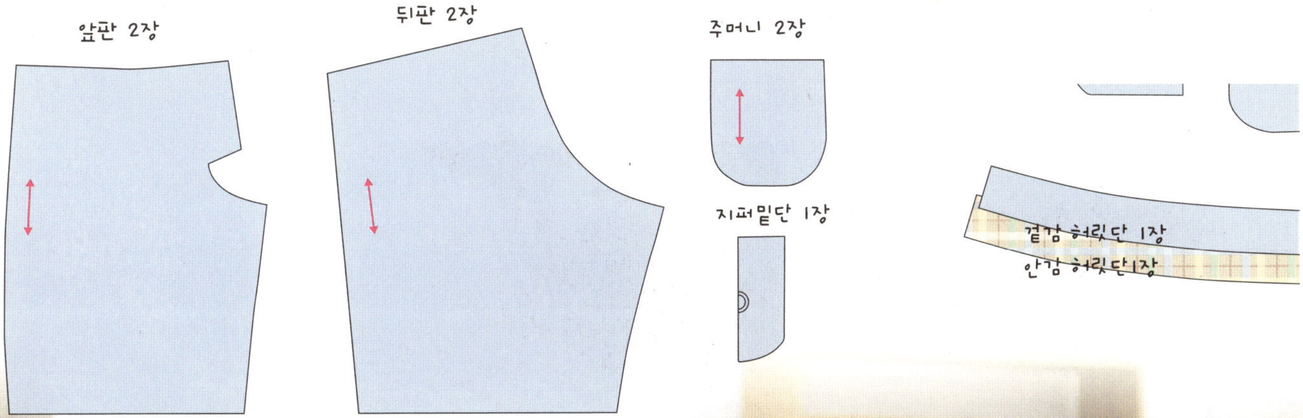

앞판 2장

뒤판 2장

주머니 2장

지퍼밑단 1장

겉감 허릿단 1장
안감 허릿단 1장

1 앞판 2장 모두 밑 위 부분을 오버로크 처리하고, 2장을 겉과 겉이 마주보게 놓고 지퍼 바로 아래 부분을 박음질한다.

2 외 노루발로 교체 후, 앞판 왼쪽 지퍼 달 부분을 안쪽으로 꺾고, 지퍼와 지퍼 밑단을 겹쳐놓는다.

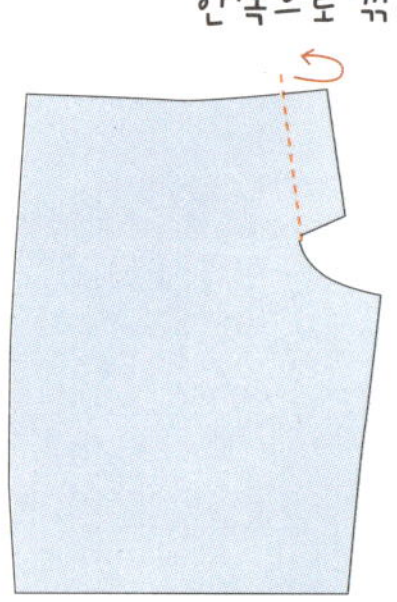

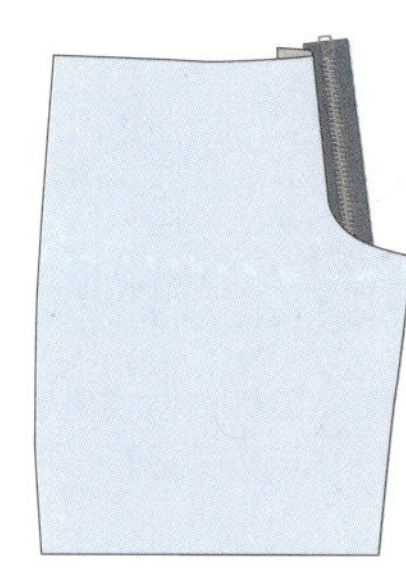

3 앞판 위에서 눌러박기해 지퍼 한쪽과 이어준다.

4 오른쪽 앞판을 지퍼 위에 덮어 박음 질해 지퍼의 반대편을 이어준다.

5 겉에서 지퍼 모양대로 5mm 간격으로 두 줄로 눌러박는다.

쇠 지퍼와 바늘이 부딪혀 깨지지 않도록 주의

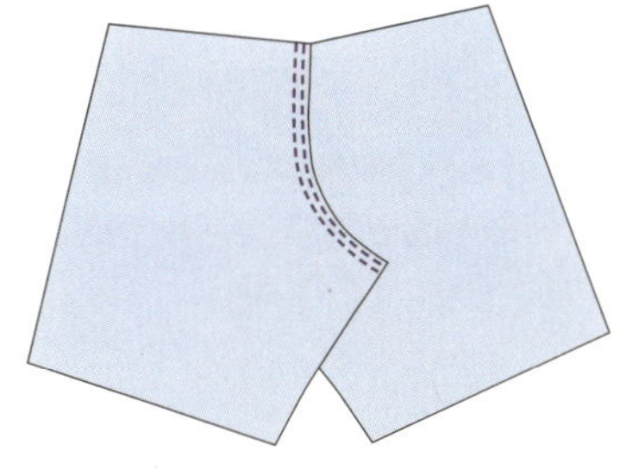

6 평 노루발로 교체 후, 뒤판 2장 모두 밑 위 부분을 오버로크 처리하고, 2장을 겉과 겉이 마주보게 놓고 밑위를 박음질한다.

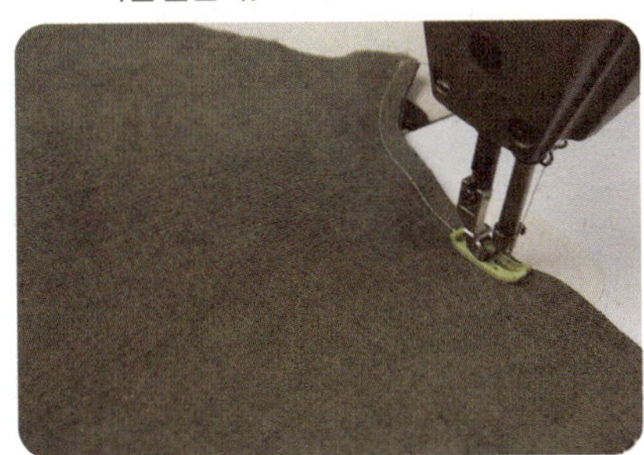

7 밑위의 시접을 오른쪽으로 꺾고, 겉감 위에서 5mm 간격으로 두 줄로 눌러 박는다.

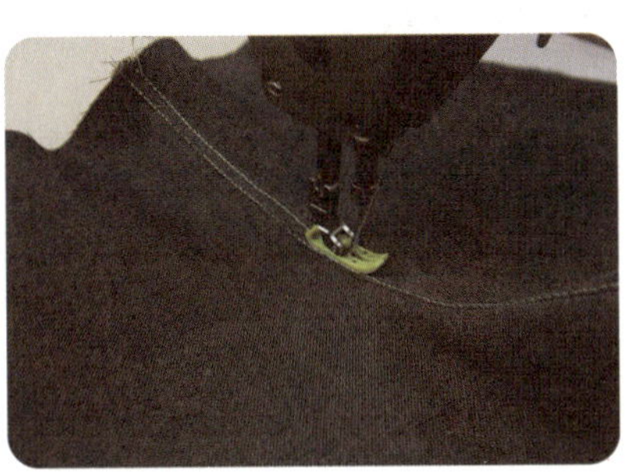

8 주머니를 전체 오버로크 처리한 후, 상단은 2.5cm, 나머지 3면은 1cm를 접어 다림질한 후, 상단에 다대테이프를 올려 다림질해 접착한다.

9 상단의 2.5cm를 한 번 접어 겉에서 두 줄로 눌러박는다.

10 뒤판의 상단에서 5cm 내려온 중앙에 주머니를 올려놓고 두 줄로 눌러박는다. 이때 오른쪽 주머니의 가장자리에 포인트 라벨을 끼워 박음질한다.

11 앞판과 뒤판을 겉과 겉이 마주보게 놓고 옆선을 박음질한 후 오버로크 처리한다.

12 겉에서 옆선을 두 줄로 눌러박는다.

13 가랑이 부분의 중심을 맞댄 후, 밑 아래쪽으로 박음질한다.

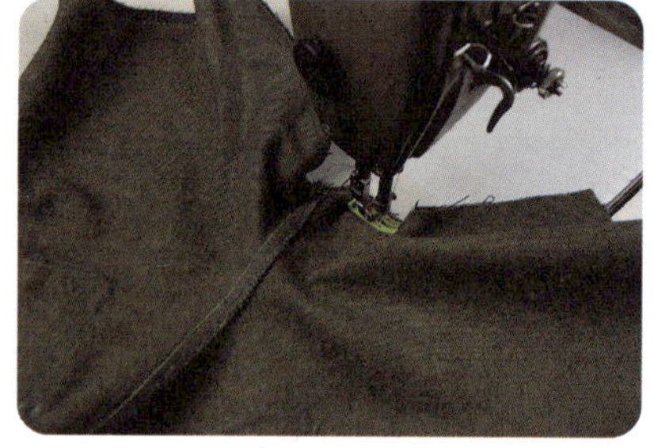

14 겉감 허릿단 안쪽에 다대테이프를 다림질해 접착한다.

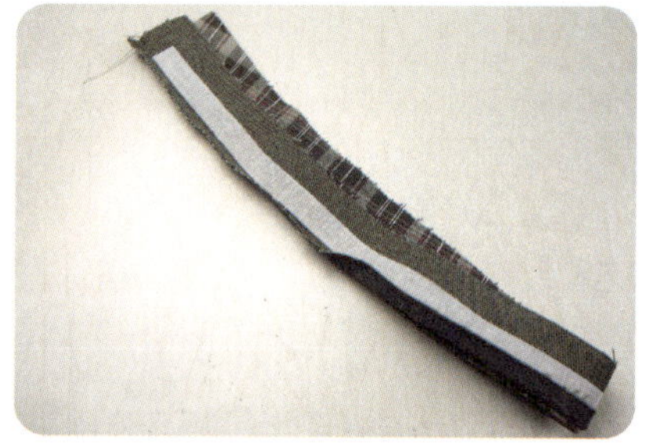

15 겉감 허릿단을 안감 허릿단과 겉과 겉이 마주보게 놓은 후, 하단을 제외한 3면을 박음질한다.

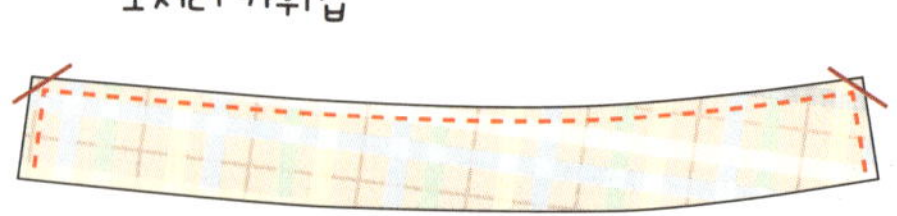

16 뒤집은 후, 허릿단 안감과 몸판 허리의 안쪽을 맞대어 전체를 둘러 박음질한다.

17 허릿단 겉감은 다림으로 1cm 꺾어둔다.

18 허릿단을 몸판의 겉감과 맞대어 겉에서 눌러박는다.

19 몸판 허리 부분에 후크를 손바느질해 달아준다.

20 밑단을 1cm접고, 다시 2cm를 접은 후 다림질한다.

21 겉에서 두 줄로 눌러박는다.

하늘하늘 시원한
원피스&두건

더운 여름에는 원피스처럼 좋은 옷이 없지요.
거즈 이중지와 같은 얇은 소재를 이용해 시원함을 더해 줄 원피스를
만들어볼까요? 남은 자투리 원단으로 두건까지 만들어 세트로 코디하세요.
원단의 내추럴한 느낌으로 자연스러운 멋이 살아납니다.

재료

도트무늬 거즈 이중지, 토션 레이스,
셔츠 단추 4개, 주름 노루발

재단하기

❶ 실물본을 이용해 시접 없이 재단한다. (9~10세 기준)

❷ 앞판 1장, 뒤판 1장, 스커트 2장, 앞판 포인트 5cm×14cm 1장
을 재단한다.

❸ 바이어스를 목 부분 4cm×62cm 1장, 진동 부분 4cm×
46cm 2장을 재단한다.

❹ 토션 레이스는 약 3마 정도 준비한다.

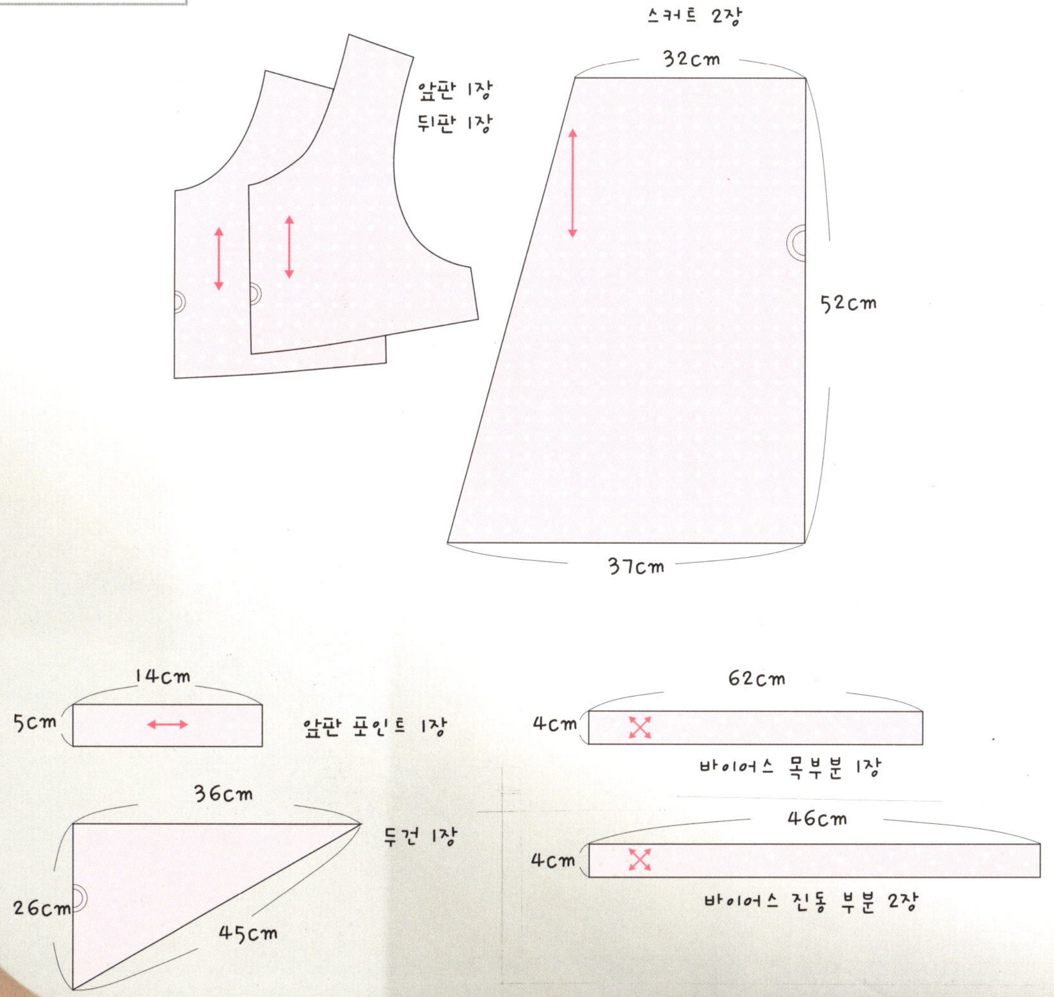

앞판 1장
뒤판 1장

스커트 2장
32cm
52cm
37cm

앞판 포인트 1장
14cm
5cm

두건 1장
36cm
26cm
45cm

바이어스 목부분 1장
62cm
4cm

바이어스 진동 부분 2장
46cm
4cm

1 앞판 포인트의 가로 시접을 1cm씩 접어 다림질한다.

2 앞판 중심에 놓고, 양 옆에 토션 레이스를 끼워 시접 2mm로 박음질한다.

3 셔츠 단추 4개를 앞판 포인트 위에 2cm 간격으로 놓고 손바느질해 달아 준다.

4 앞판과 뒤판을 겉과 겉이 마주보게 놓고, 왼쪽 옆선을 박음질한 후 오버로크 처리한다.

5 주름 노루발로 교체 후, 스커트를 펴쳐 상단을 박음질해 주름을 잡는다.

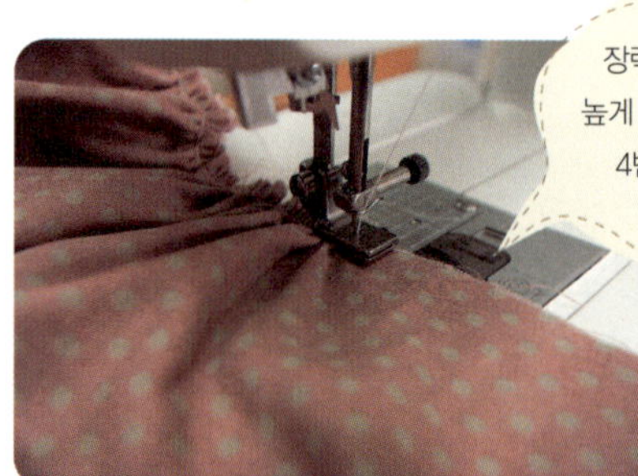

장력을 8번 정도로 높게 조정하고, 땀수도 4번 정도로 크게 세팅한다

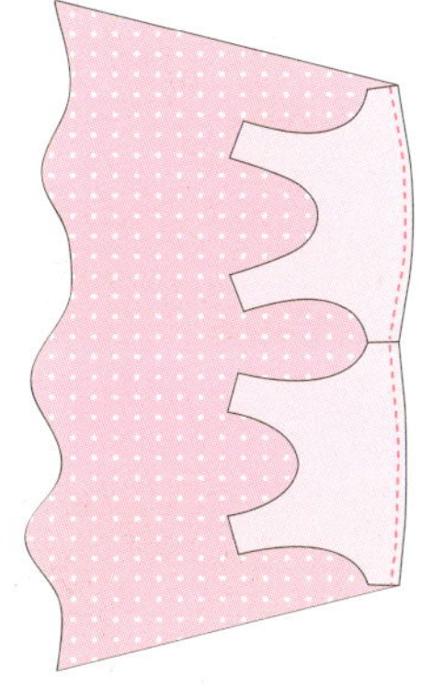

6 몸판과 스커트를 펼쳐 몸판의 하단과 스커트의 상단을 겉과 겉이 마주보게 놓은 후, 박음질하고 오버로크 처리한다.

7 몸판을 겉과 겉이 마주보게 모양대로 접은 후, 어깨 부분과 스커트 옆선을 박음질하고 오버로크 처리한다.

바이어스 두르기

8 몸판의 안쪽 목 부분과 진동 부분에 바이어스를 놓고 처음과 끝의 1cm씩 을 남겨둔 후 전체를 시접 1cm로 박 음질한다.

Tip
바이어스는 사선재단으로 인해 신축이 생겼으므로 살짝 당겨가 면서 박음질한다

9 바이어스의 마무리는, 처음과 끝의 1cm씩 남겨둔 바이어스의 겉과 겉을 맞대어 이어준 후 박음질한다.

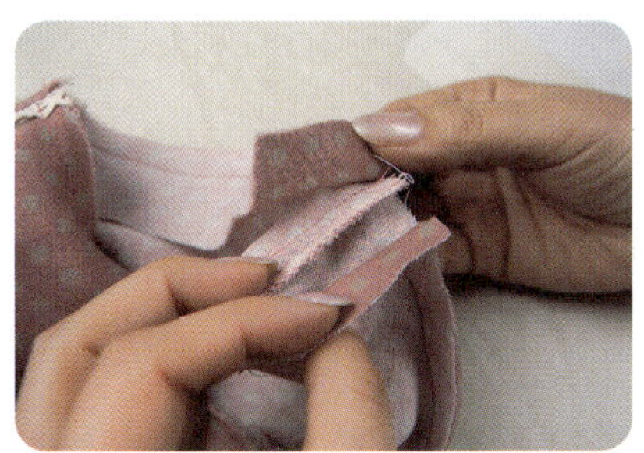
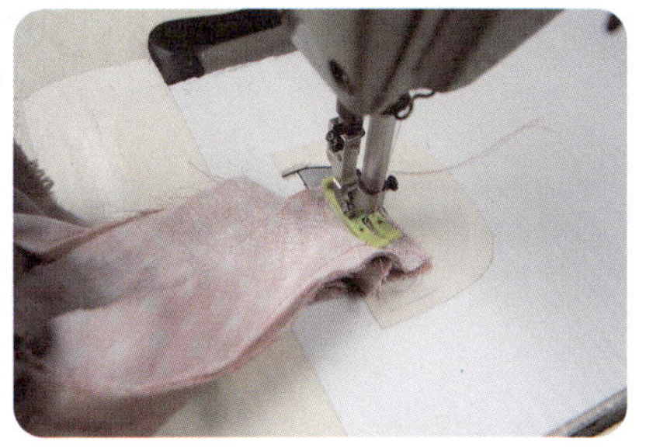

10 바이어스를 겉으로 1cm씩 두 번 접
어 2mm 간격으로 눌러박는다.

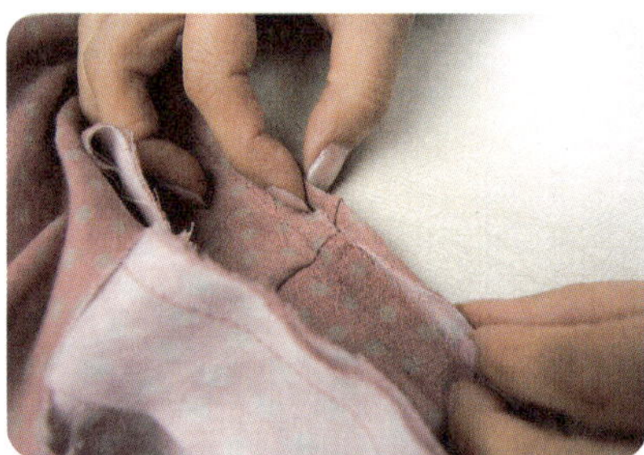 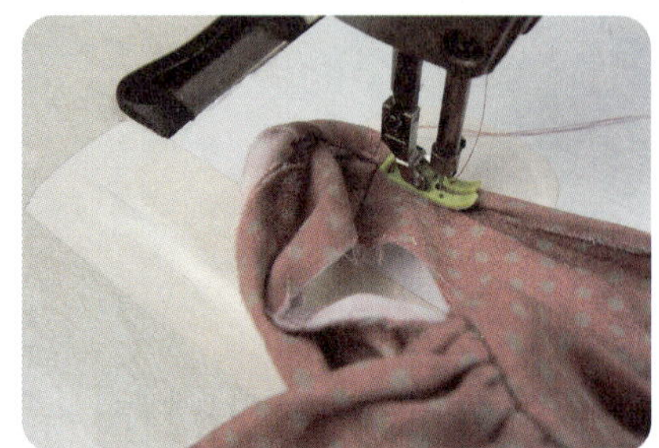

11 스커트 하단을 오버로크 처리한 후,
끝단을 2cm 접어 다림질하고 박음질
한다.

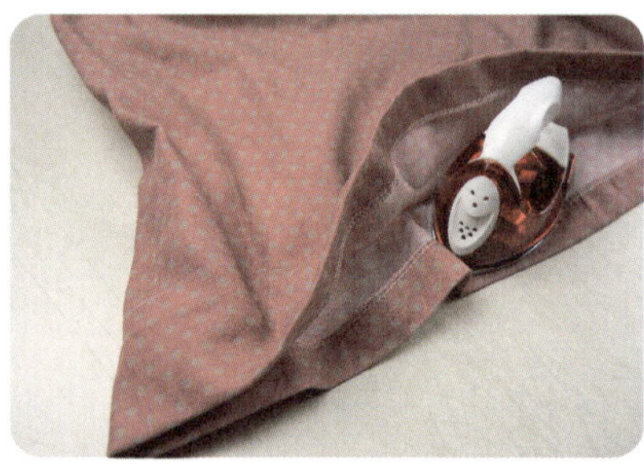 

12 끝단에서 6cm 올라간 부분에 토션
레이스를 눌러박기해 포인트를 준다.

두건 만들기 ★

전체 테두리를 박음질한 후 조물조물 손세탁하면 거즈 소재의 특성으로 인해 테두리 주변의 올이 자연스럽게 풀린다.
아주 쉽고 간단한 방법으로 멋스러운 두건 완성!

두 가지 컬러의 조합
나글란 배색 티셔츠

티셔츠는 옷 중에 가장 기본이 되는 옷이고, 활동적으로 입기에 좋지요.
소매와 몸판의 배색을 맞춰 캐주얼함을 더하는 나글란 티셔츠를 만들어보았어요.
작은 단추와 라벨로 포인트를 주었답니다.

재료

미니쭈리원단 2컬러, 골지 조르개(시보리)원단, 포인트 단추 2개, 포인트 라벨, 면사, 스판사

재단하기

1 실물본을 이용해 시접 없이 재단한다. (3~4세 기준)

2 미니쭈리원단에 앞판 1장, 뒤판 1장, 소매 2장, 포인트 주머니 1장을 재단한다.

3 골지 조르개원단은 36cm×5cm로 1장 재단한다(소매 길이 설정은 몸판 전체 목둘레에 70%를 설정한다).

4 재봉틀의 윗실은 면사를, 밑실은 스판사를 사용한다.

포인트 주머니 달기

1 포인트 주머니를 전체 시접 1cm씩 접어 스케치사로 퀼팅한다.

2 앞판 왼쪽 가슴에 주머니 모양대로 3면을 박음질해 달아준다.

3 주머니 근처에 포인트 단추 2개를 손바느질로 달아준다.

몸판과 소매연결하기

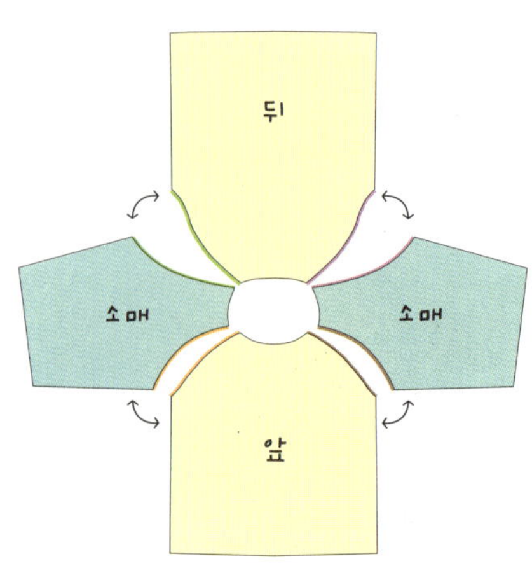

4 앞판과 소매원단을 어깨라인에 맞춰 겉과 겉이 마주보게 놓고, 어깨라인을 박음질한다.

5 소매 반대편에 뒤판을 겉과 겉이 마주보게 놓고, 어깨라인을 박음질한다.

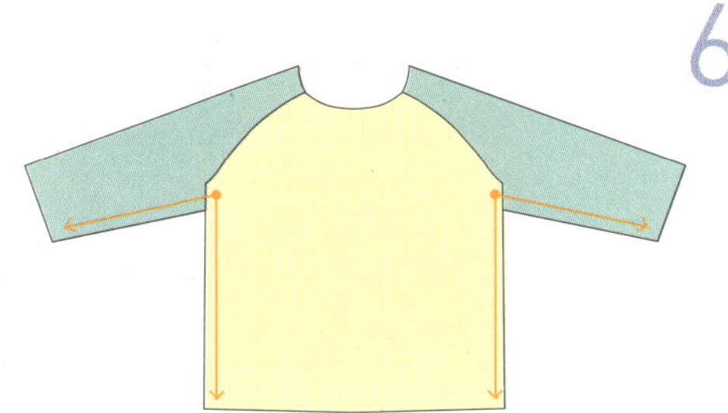

6 앞뒤판의 겨드랑이 중심을 맞춰 허리라인을 박음질하고, 소매라인을 박음질한다. 목둘레를 제외한 전체를 오버로크 처리하고 뒤집는다.

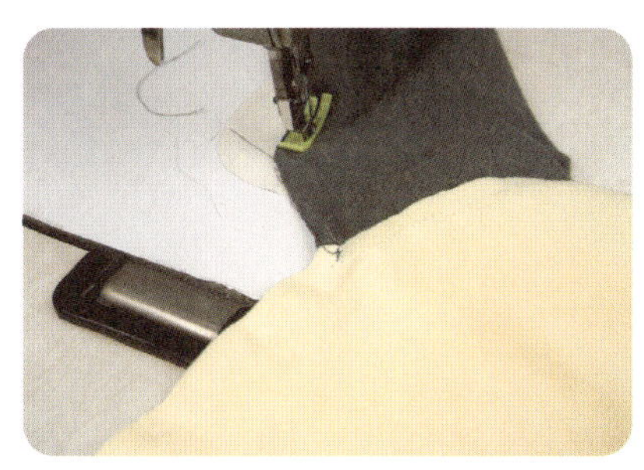

목둘레 조르개연결하기

7 골지 조르개를 겉과 겉이 마주보게 가로로 반을 접은 후, 세로 폭을 박음질한다.

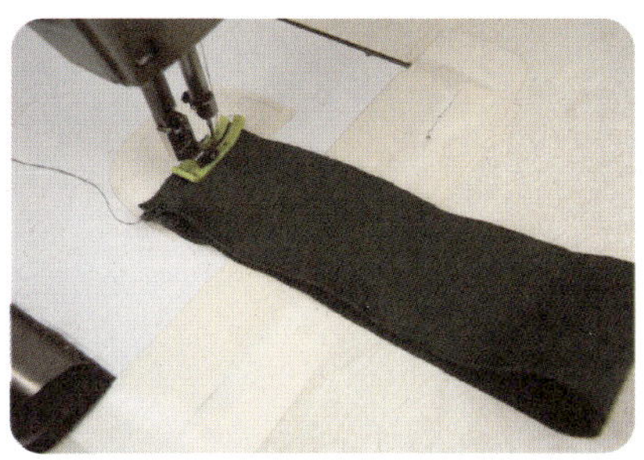

8 세로로 반을 접은 후 4등분해 표시하고, 몸판의 목둘레도 4등분해 표시한다.

9 몸판의 목둘레에 조르개의 4등분점을 일치하게 시침핀 고정한 후, 조르개를 당겨 4등분점에 맞춰 박음질하고, 오버로크 처리한다.

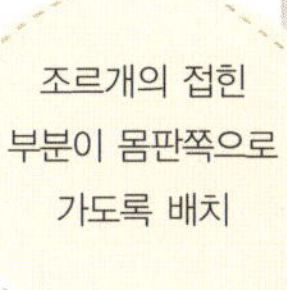

10 겉에서 0.5cm 간격으로 눌러박는다.

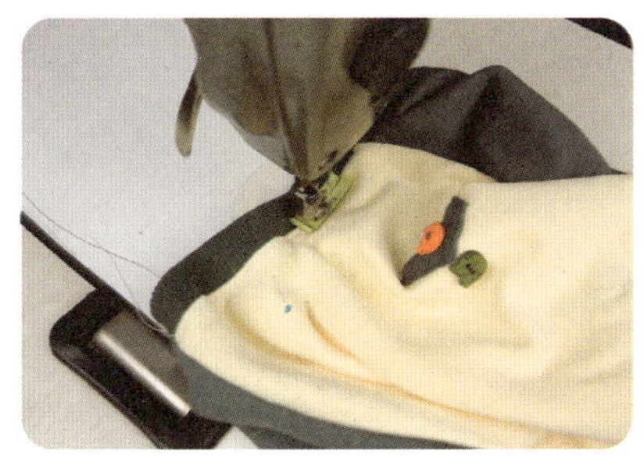

겉감 만들기

11 몸판 하단은 2cm정도, 소매 끝부분은 1.5cm정도 접어 박음질하고, 겉에서 한 번 더 눌러박는다.

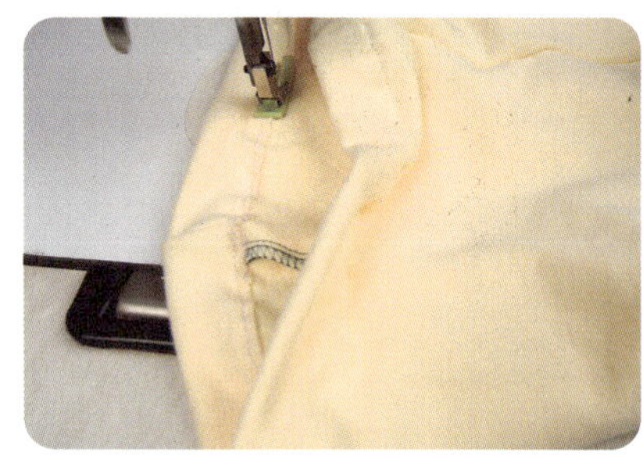
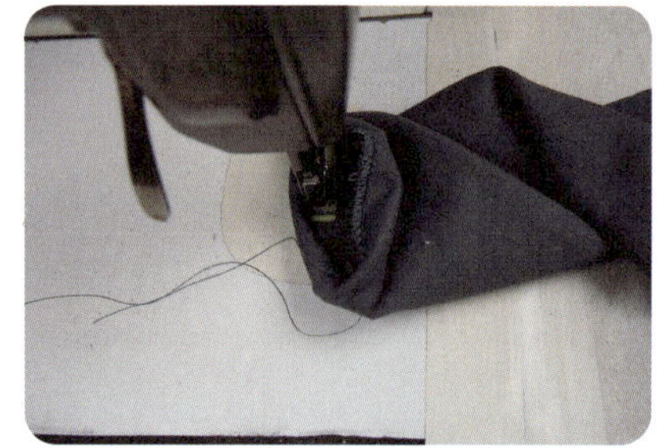

12 소매 끝부분에 포인트 라벨을 박음질하고, 스팀 열로 다림질해 마무리한다.

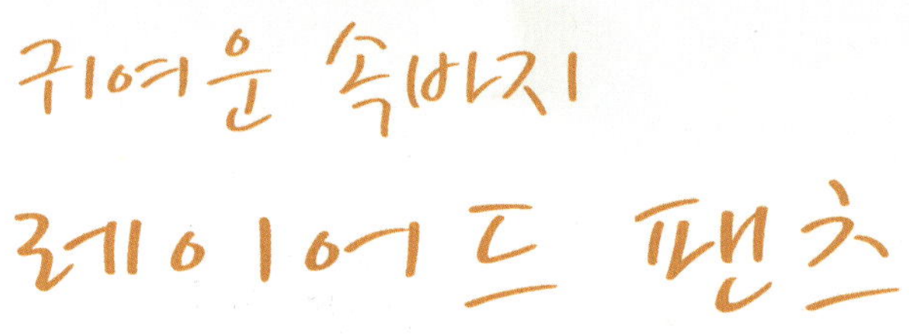

귀여운 속바지
레이어드 팬츠

밋밋한 속바지는 No! 작은 것 하나에도 스타일을 놓칠 수 없죠.
스커트 밖으로 살짝 나와 귀여움을 더해주는 레이어드 팬츠입니다.
밑단을 레이스로 처리해 한층 더 사랑스러워요.

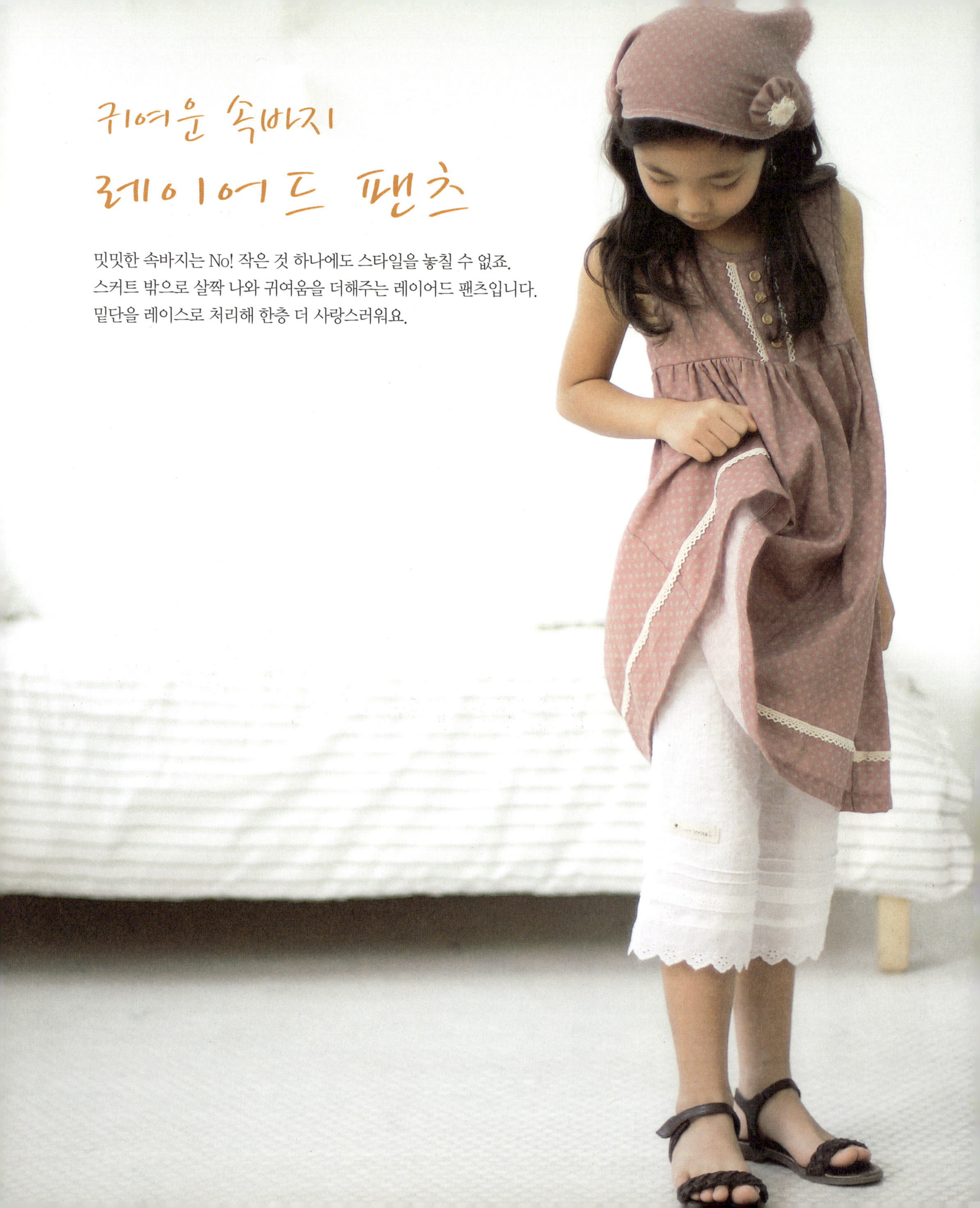

재료

거즈소재, 다양한 폭의 면 토션 레이스,
12mm 속옷용 고무줄, 포인트 라벨

재단하기

❶ 실물본을 이용해 시접 없이 재단한다. (9~10세 기준)

❷ 거즈소재에 앞판 2장, 뒤판 2장을 재단한다.

❸ 허리 고무줄은 아이의 허리 사이즈에서 2인치 작게 준비한다.

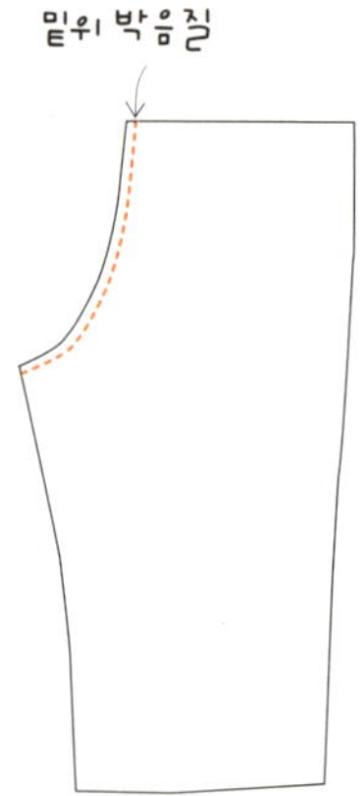

1 앞판과 뒤판을 겉과 겉이 마주보게 놓고, 밑위를 박음질한 후 오버로크 처리한다.

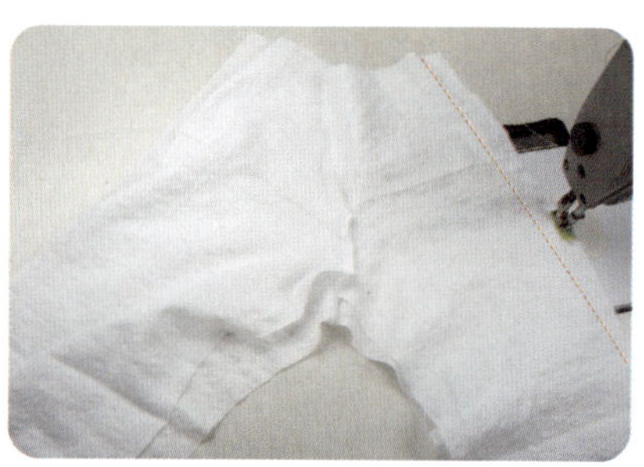

2 앞판과 뒤판의 겉과 겉이 마주보게 놓고, 오른쪽 옆선을 먼저 박음질한다. 솔기를 뒤판 쪽으로 넘겨 오버로크 처리한다.

밑단 꾸미기

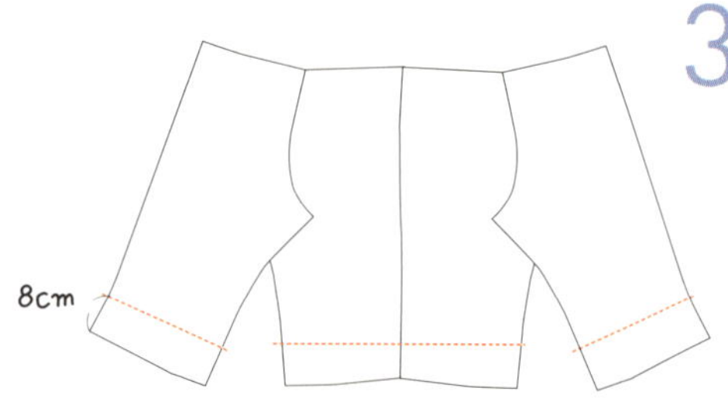

3 몸판을 펼친 후, 밑단에서 8cm 지점 을 표시해 한 번 접고, 다림질한다.

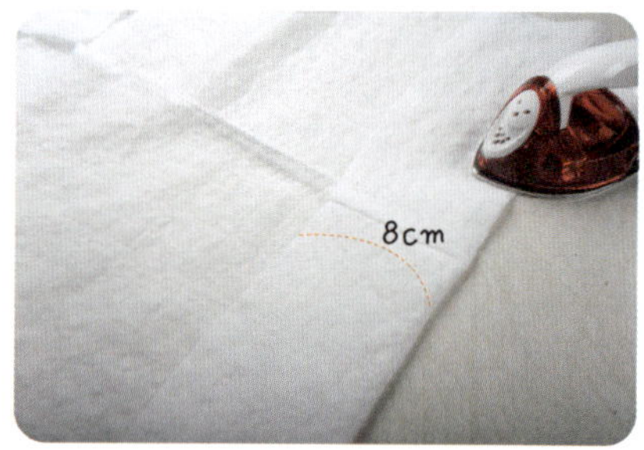

4 접은 곳을 2mm 간격으로 핀턱박음질한다.

5 1cm를 한 번 더 접어 2mm 간격으로 핀턱박음질한다.

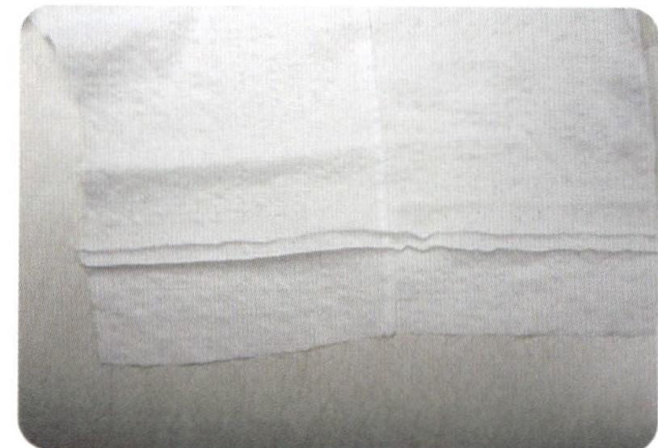

6 일자 레이스를 방금 접어 박은 곳의 1cm 아래에 덧박음질해 고정시킨다.

7 폭이 넓은 레이스를 밑단에 겉과 겉이 마주보게 놓고 박음질한 후, 오버로크 처리한다.

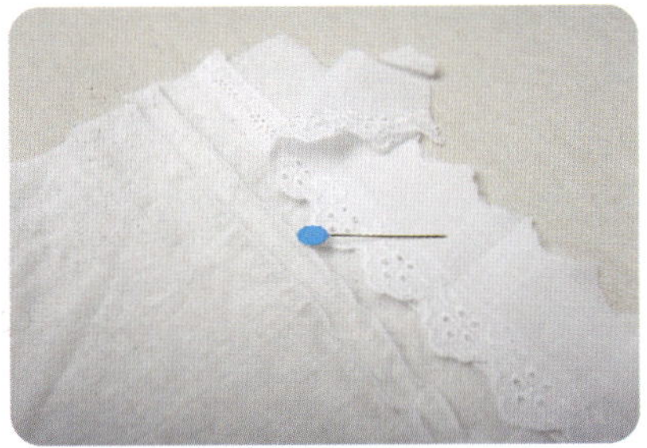

8 레이스를 겉으로 넘긴 후 몸판 위에서 2mm 간격으로 눌러박는다.

9 앞판 왼쪽 하단에 포인트 라벨을 박음질한다.

10 몸판의 왼쪽 옆선을 박음질하고, 오버로크 처리한다.

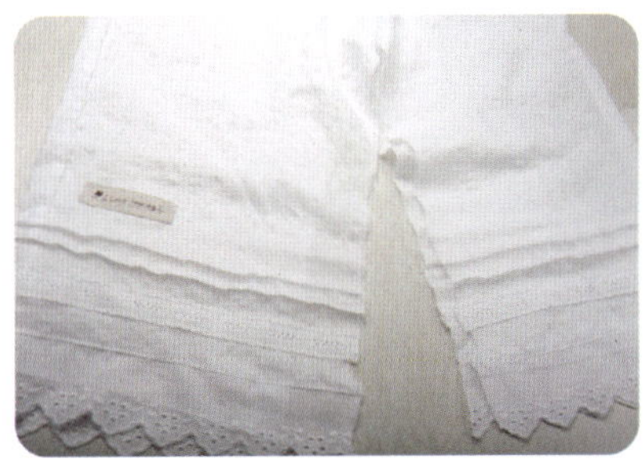

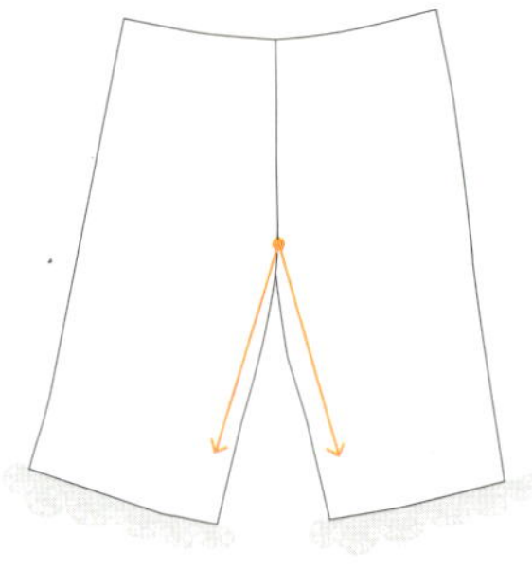

11 가랑이 부분의 중심을 맞댄 후, 밑 아래 쪽으로 박음질한다.

12 허리 부분은 오버로크 처리한 후, 1.5cm를 한 번 접어 다림질한다.

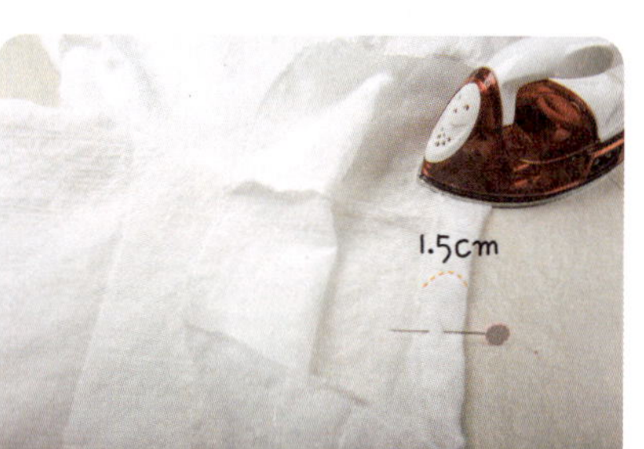

13 창구멍 7cm를 남겨놓고 둘러 박음질한 후, 고무줄을 옷핀에 꽂아 허리 부분에 넣는다.

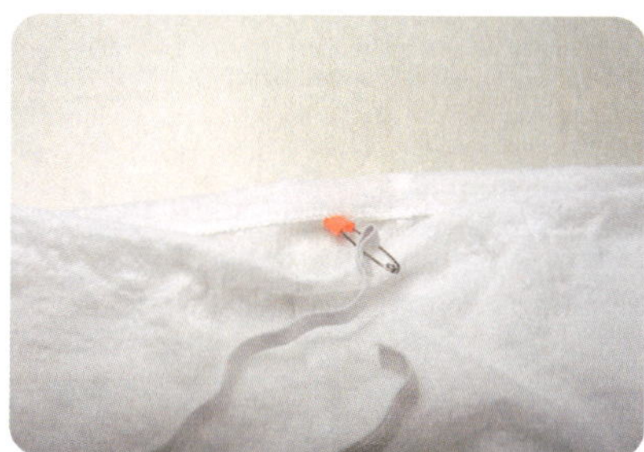

14 고무줄의 끝부분은 한꺼번에 박음질 해 이은 후, 창구멍을 박음질해 막는다.

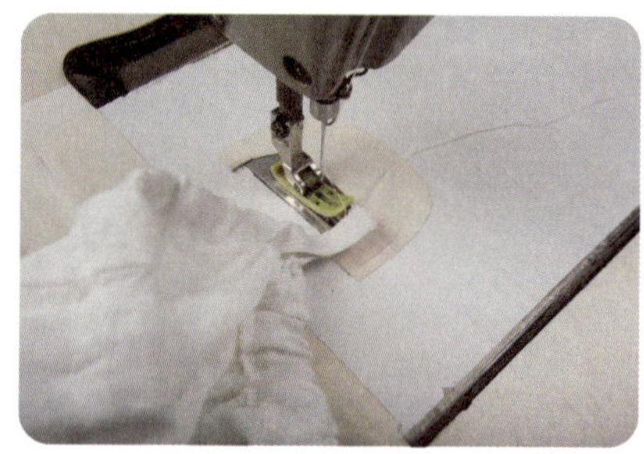

15 고무줄의 꼬임을 막기 위해 고무줄 부분을 겉에서 5mm 간격으로 당겨 가며 눌러박는다.

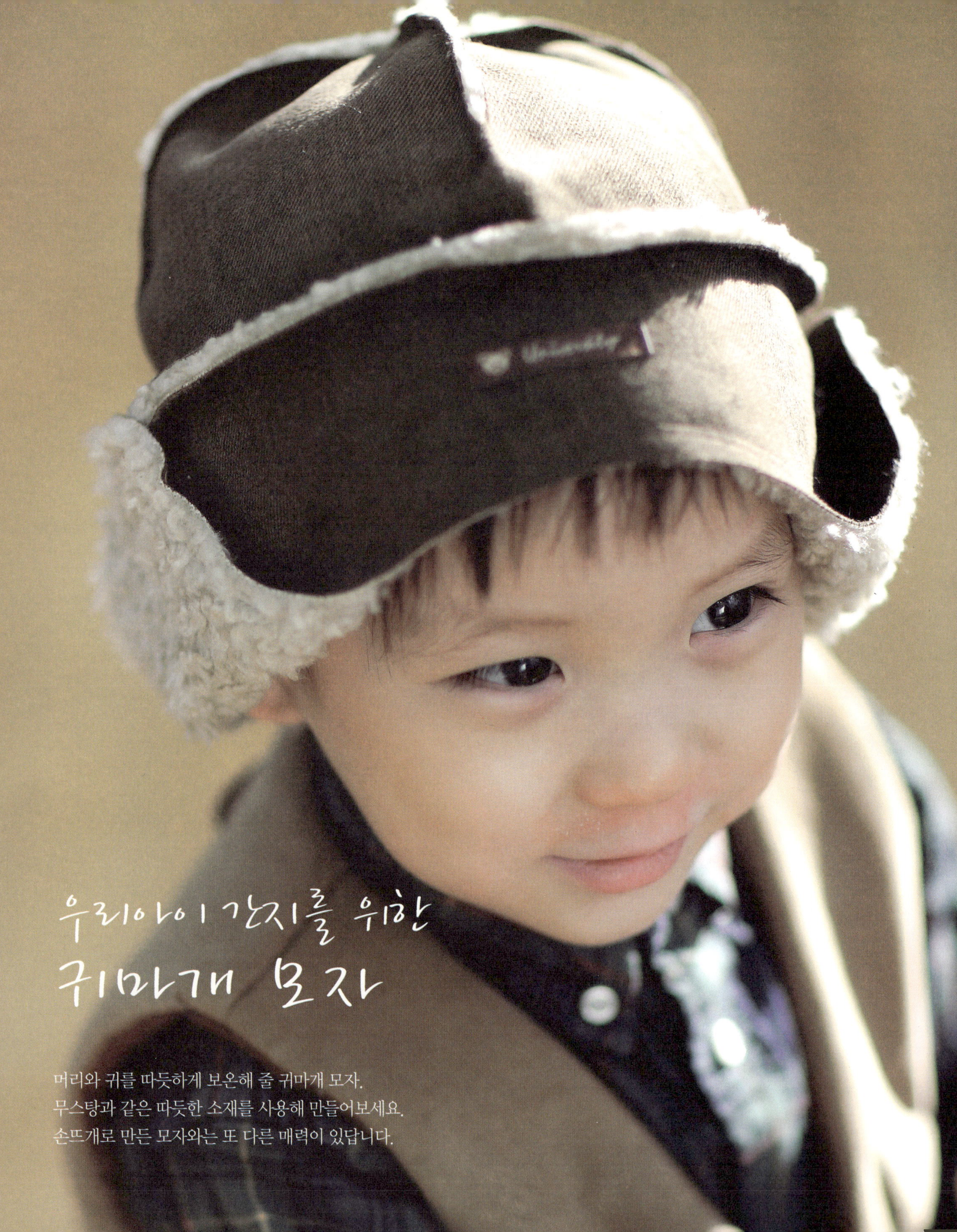
우리아이 갠지를 위한
귀마개 모자

머리와 귀를 따뜻하게 보온해 줄 귀마개 모자.
무스탕과 같은 따뜻한 소재를 사용해 만들어보세요.
손뜨개로 만든 모자와는 또 다른 매력이 있답니다.

재료

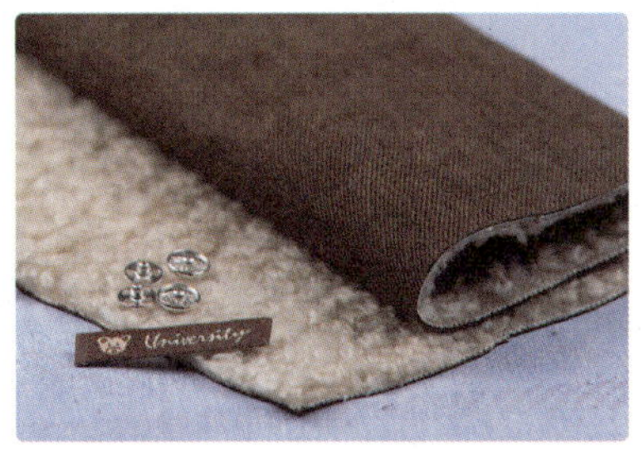

무스탕원단, 포인트 라벨, 스냅 2쌍

재단하기

1. 실물본을 이용해 시접 없이 재단한다. (5~6세 기준)
2. 무스탕원단에 상단 1장, 하단 1장을 재단한다.

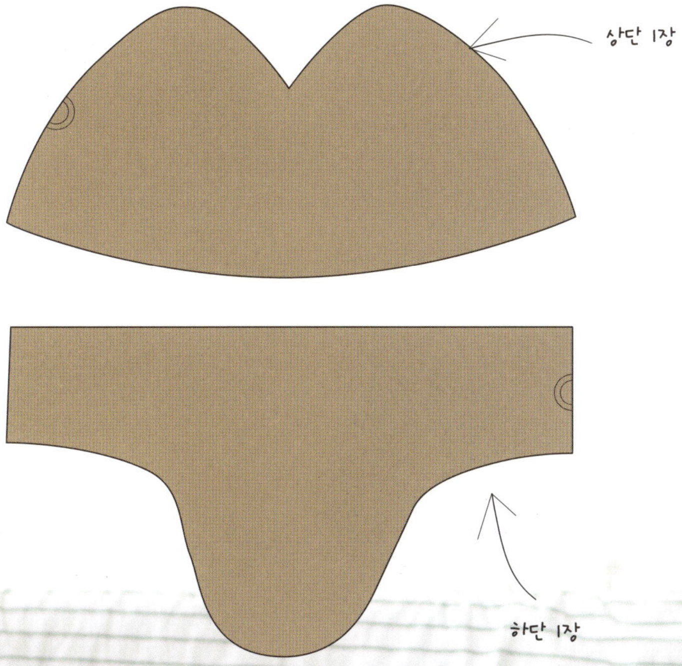

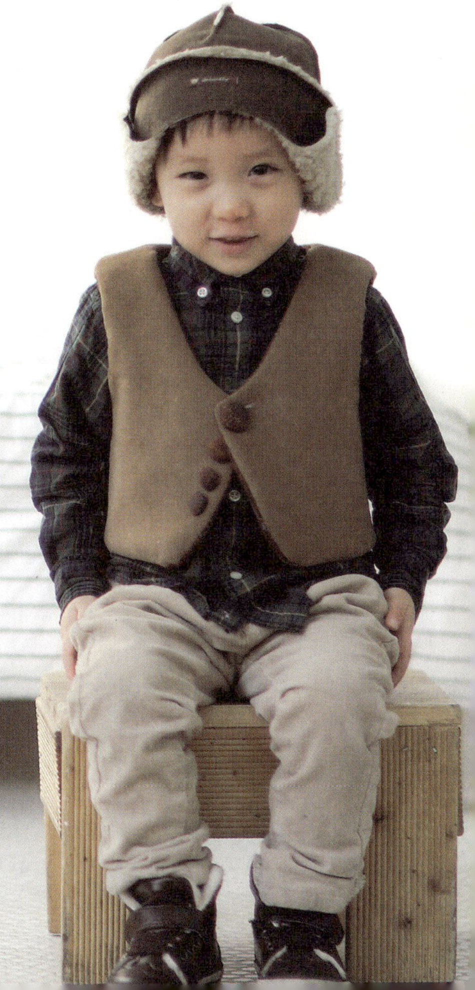

상단 만들기

1 상단의 옆선을 표시된 순서대로 이어박 는다.

2 지저분한 부분은 잘라낸다.

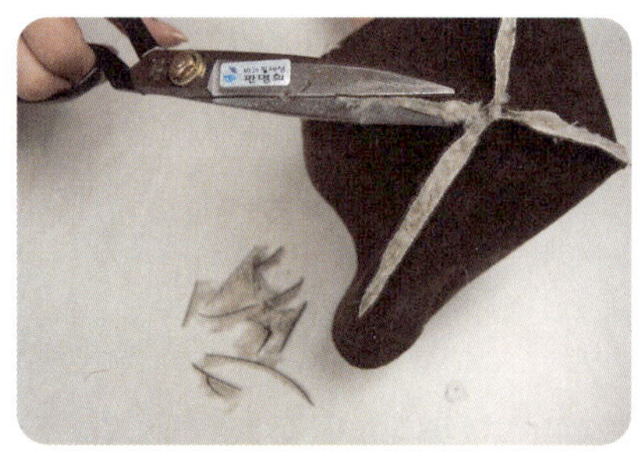

하단 만들기

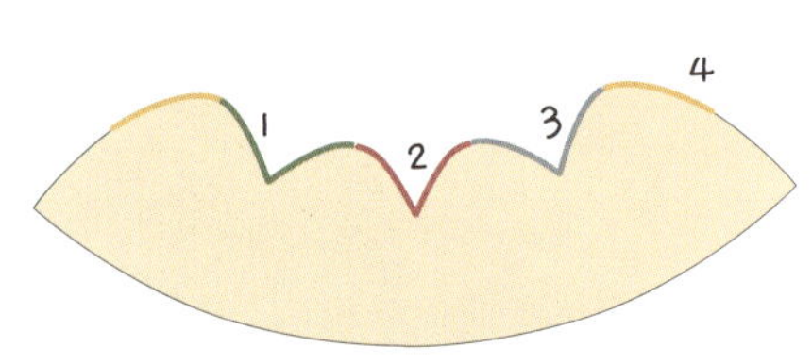

3 하단의 중심에 포인트 라벨을 올려놓 고 양 옆을 박음질해 고정시킨다.

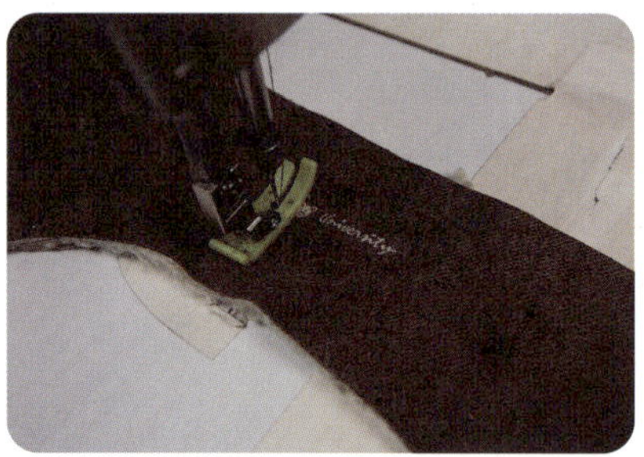

4 하단을 겉끼리 마주보도록 반으로 접 은 후, 옆선을 박음질한다.

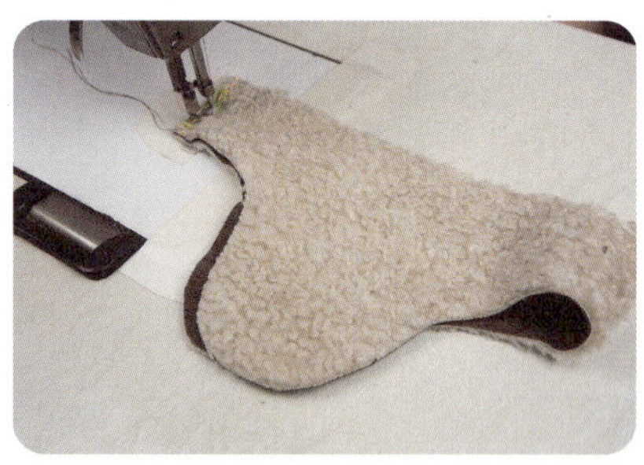

5 상단과 하단의 중심을 맞추어 안과 안을 맞대고 시침핀으로 고정시킨다.

6 맞닿은 부분을 박음질해 상단과 하단을 연결한다.

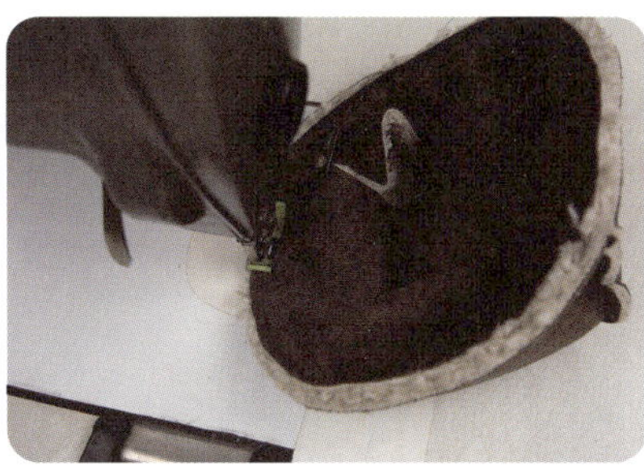

7 몸판을 펼친 후, 하단의 귀 부분 전체를 두 줄로 눌러박는다.

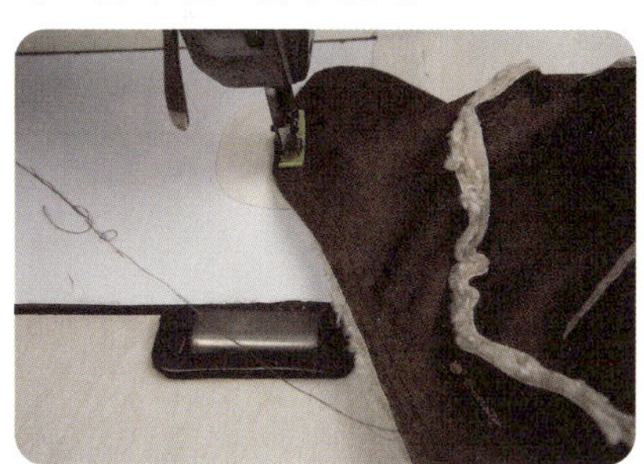

8 양쪽 귀 부분에 스냅을 단다.

추운 겨울, 우리 아이의 귀를 따뜻하게 보호해주세요!
보온성이 뛰어난 어그램스원단을 사용하면 따뜻함은 물론
보들보들한 귀여운 느낌까지 더해준답니다.

재료

니트 이중지, 어그램스원단, 가죽 끈,
구름 솜

재단하기

❶ 실물본을 이용해 시접 없이 재단한다.

❷ 니트 이중지에 겉감 1장을 재단한다.

❸ 어그램스원단에 안감 1장, 방울은 지름 12cm로 2장을 재단한다.

❹ 여밈 끈은 45cm로 2개 준비하고, 소량의 구름 솜을 준비한다.

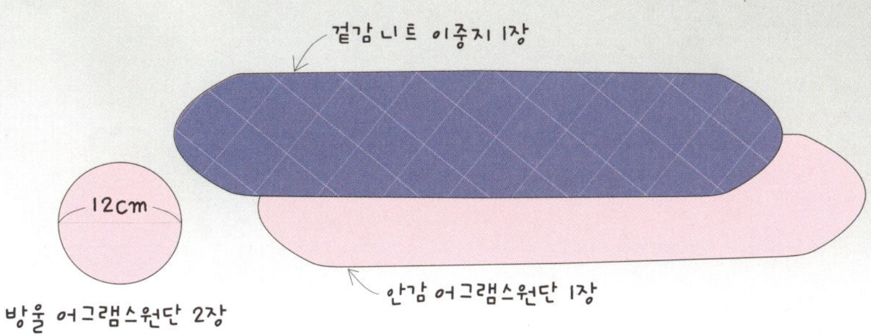

몸판만들기

1 겉감 위에 양쪽 여밈 끈을 올려놓는다.

2 안감을 겉감 위에 겉과 겉이 마주보도록 올린다.

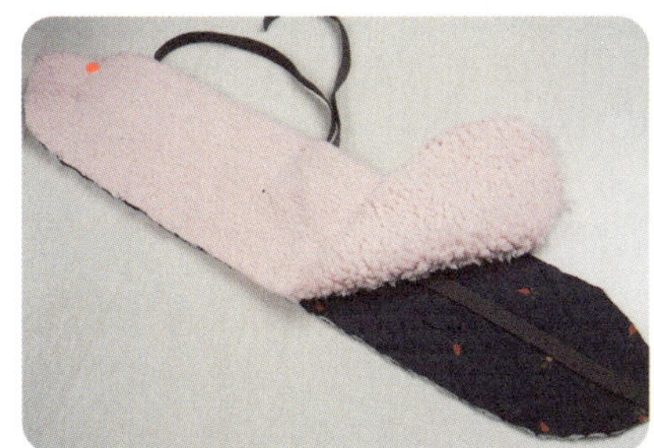

3 창구멍 7~8cm를 남겨둔 후, 둘러 박음질한다.

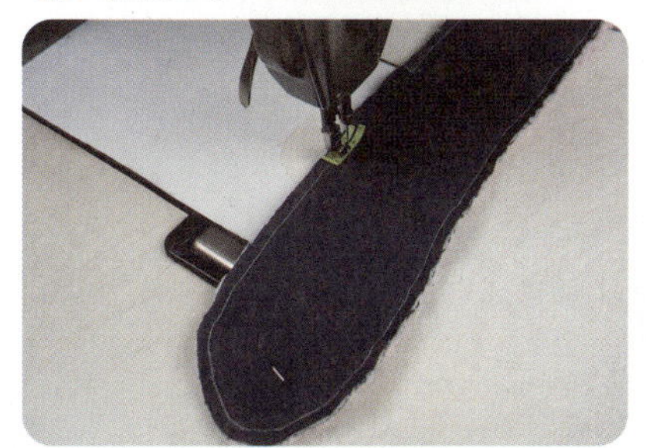

4 양쪽의 곡선 부분에는 촘촘히 가위집을 낸다.

5 창구멍을 통해 뒤집는다.

6 창구멍은 공그르기해 막는다.

방울 만들기

7 방울은 큰 간격으로 홈질한다.

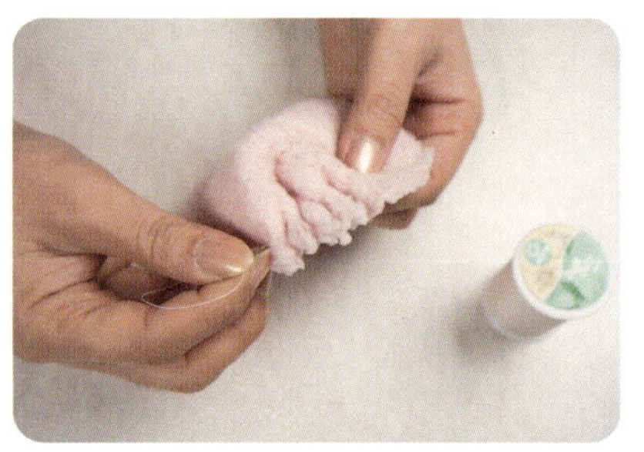

8 반 정도 살짝 당겨 동그란 모양이 되도록 한다.

9 적당량의 방울 솜을 넣는다.

10 여밈 끈을 방울 안에 끼우고 촘촘히 손바느질로 엮어 고정한다.

11 반대쪽 여밈 끈에도 동일한 방법으로 방울을 만들어 달아준다.

따뜻한 겨울을 위한
망토

따스한 판초느낌의 망토는 여자 아이들에게 로망이 아닐까요!
간절기 때는 가벼운 소재를, 겨울에는 보온성이 높은 소재를
선택하면 아주 예쁜 망토를 만들수 있어요.

재단하기

1. 실물본을 이용해 시접 없이 재단한다. (6~7세 기준)
2. 니트 소재에 몸판 1장, 후드 겉감 2장을 재단한다.
3. 어그램스원단에 후드 안감 2장을 재단하고, 테두리 5cm×약 240cm를 1장 준비한다.

* 어그램스원단은 별도의 끝선처리를 하지 않아도 올 풀림이 없다는 특징이 있다.

후드 만들기

1 후드 겉감 두 장을 겉과 겉이 마주보게 놓고, 머리가 되는 곡선 부분을 박음질한다.

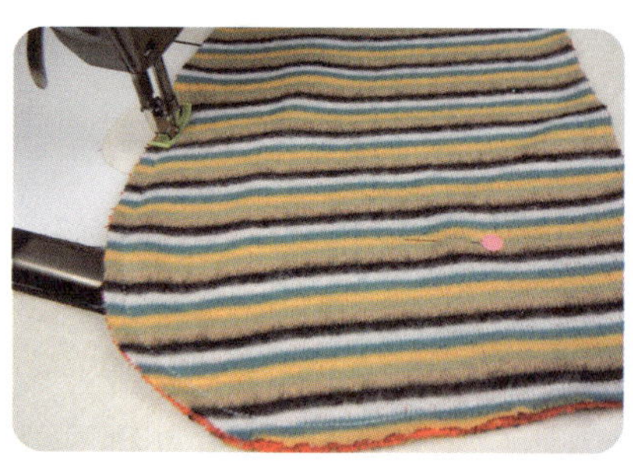

2 후드 안감 두 장 역시 동일한 방법으로 박음질한다.

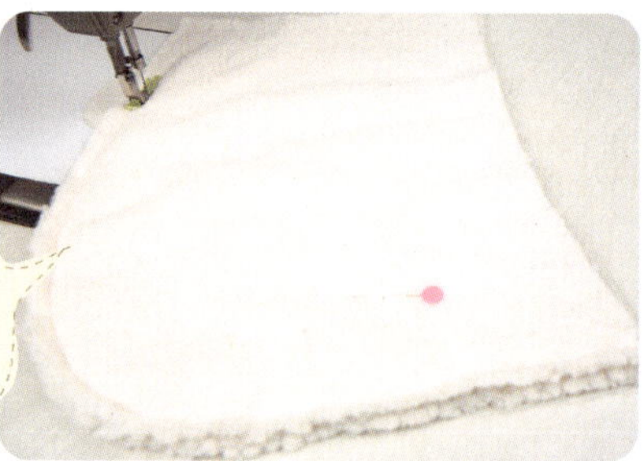

3 후드 겉감과 안감의 입구 부분을 겉과 겉이 마주보게 겹친다.

4 시접에서부터 오른쪽, 다시 시접에서부터 왼쪽 순서로 박음질한다.

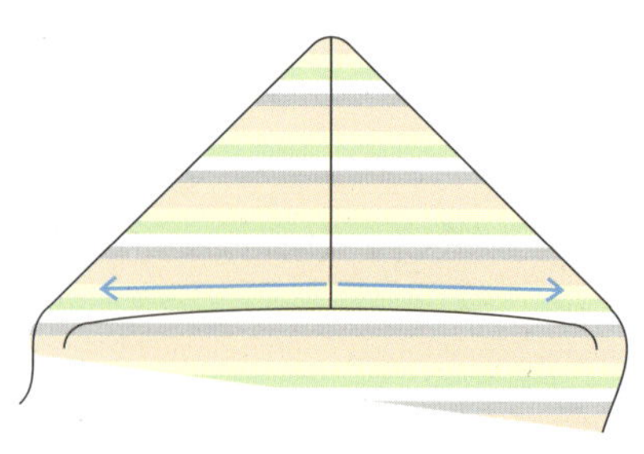

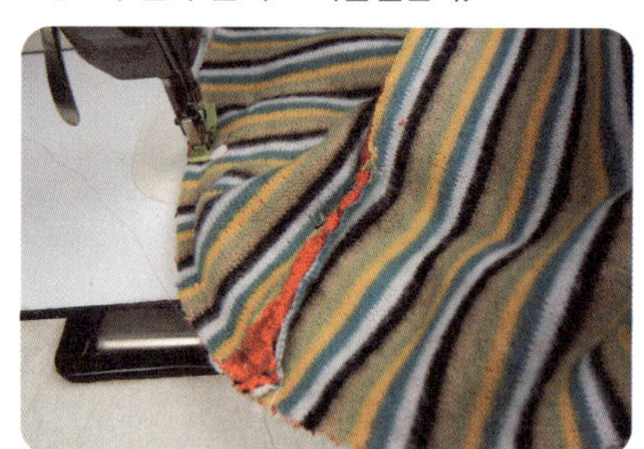

5 박음질 한 후드는 뒤집는다.

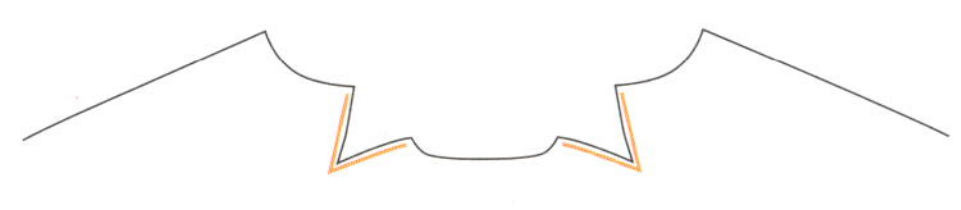

몸판 만들기

6 몸판의 어깨 다트 부분을 겉과 겉이 마주보 게 접어 박음질한 후, 오버로크 처리한다.

7 몸판 테두리의 입구 부분 양쪽에 4~5cm 정도 내려와 방울 끈을 고정시킨다.

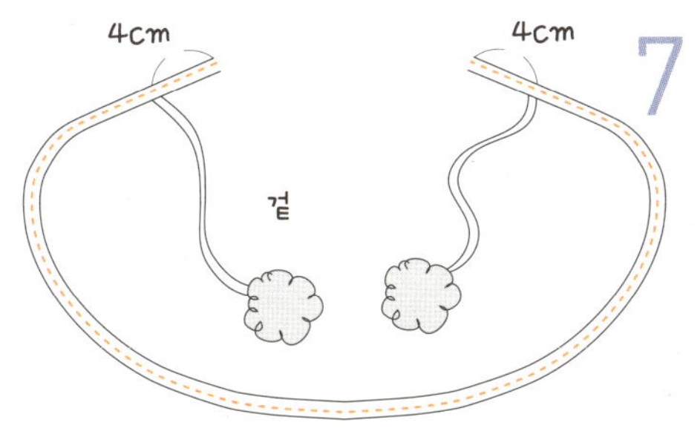

8 테두리 어그램스원단을 몸판의 테두리에 겉과 겉이 마주보게 놓고, 전체를 둘러 박음질한다.

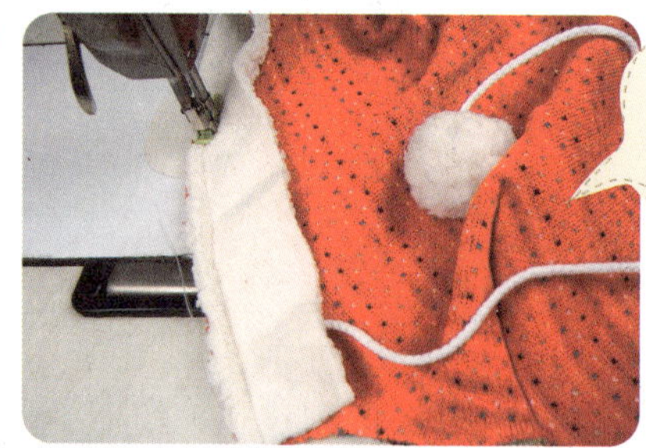

9 테두리 어그램스원단을 몸판의 안감 쪽으로 넘겨, 한 번 더 박음질해 고정시킨다.

몸판과 후드 연결하기

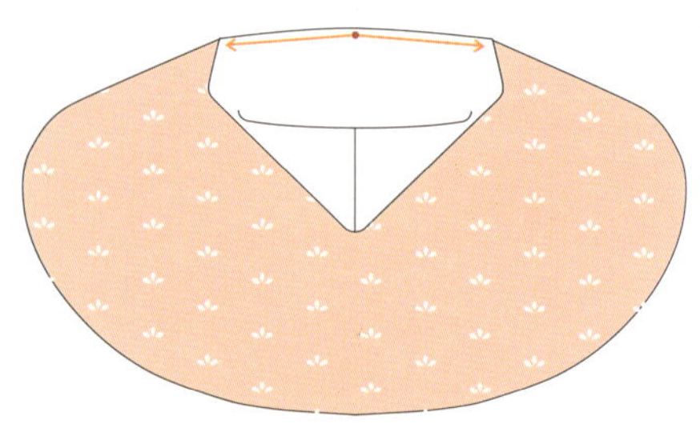

10 몸판의 목 중심과 후드의 중심을 맞추어 겉과 겉이 마주보게 놓는다.

11 중심에서부터 오른쪽, 다시 중심에서부터 왼쪽 순서로 박음질한다.

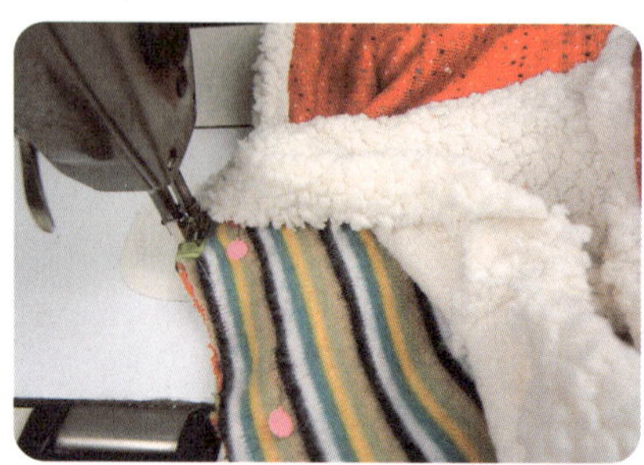

12 후드 안감 역시 몸판 안쪽에 중심을 맞추어 박음질한다.

신나는 일상
adult clothes

심플한 매력 가오리 티셔츠

원단 한장의 마법 서큘러 스커트

날씬함이 돋보이는 차이나 셔츠형 원피스

사랑스러운 느낌가득 커플 후드 티셔츠

독특한 디자인의 비숍 카디건

베이직 아이템 남성 카디건

세련된 멋 아가일 조끼

언제나 즐겨입는 레깅스

피트한 매력 캐주얼 피트 7부 팬츠

포근한 겨울의 감촉 터틀넥 박스 티셔츠

보송보송한 느낌의 라운드 이중 조끼

팔과 배의 살을 자연스럽게 가려주어 통통족들도 마음 놓고 예쁘게 입을 수 있는
착한 가오리 티셔츠를 만들어볼까요! 프리한 사이즈로 편안하면서도 활동적으로 입을 수 있어요.
목 뒤로 살짝 묶어주는 끈은 뒤태를 더 예쁘게 만들어 줄 거예요.

니트 소재 1y+1/2y, 해당 골지 조르개
(시보리)원단 약 1/2y, 포인트 단추,
접착 다대테이프, 고리 뒤집개

재단하기

① 실물본을 이용해 시접 없이 재단한다.

② 니트 소재에 앞판 1장, 뒤판 1장, 주머니 9cm×10cm 1장,
 끈 50cm×3cm 2장을 재단한다.

③ 해당 골지 조르개원단에 소매 10cm×18cm 2장, 허리 80cm
 ×26cm 1장, 목 27cm×4cm 1장을 재단한다.

④ 윗실은 재봉면사, 밑실은 스판사를 사용하고, 니트전용바늘
 을 사용한다.

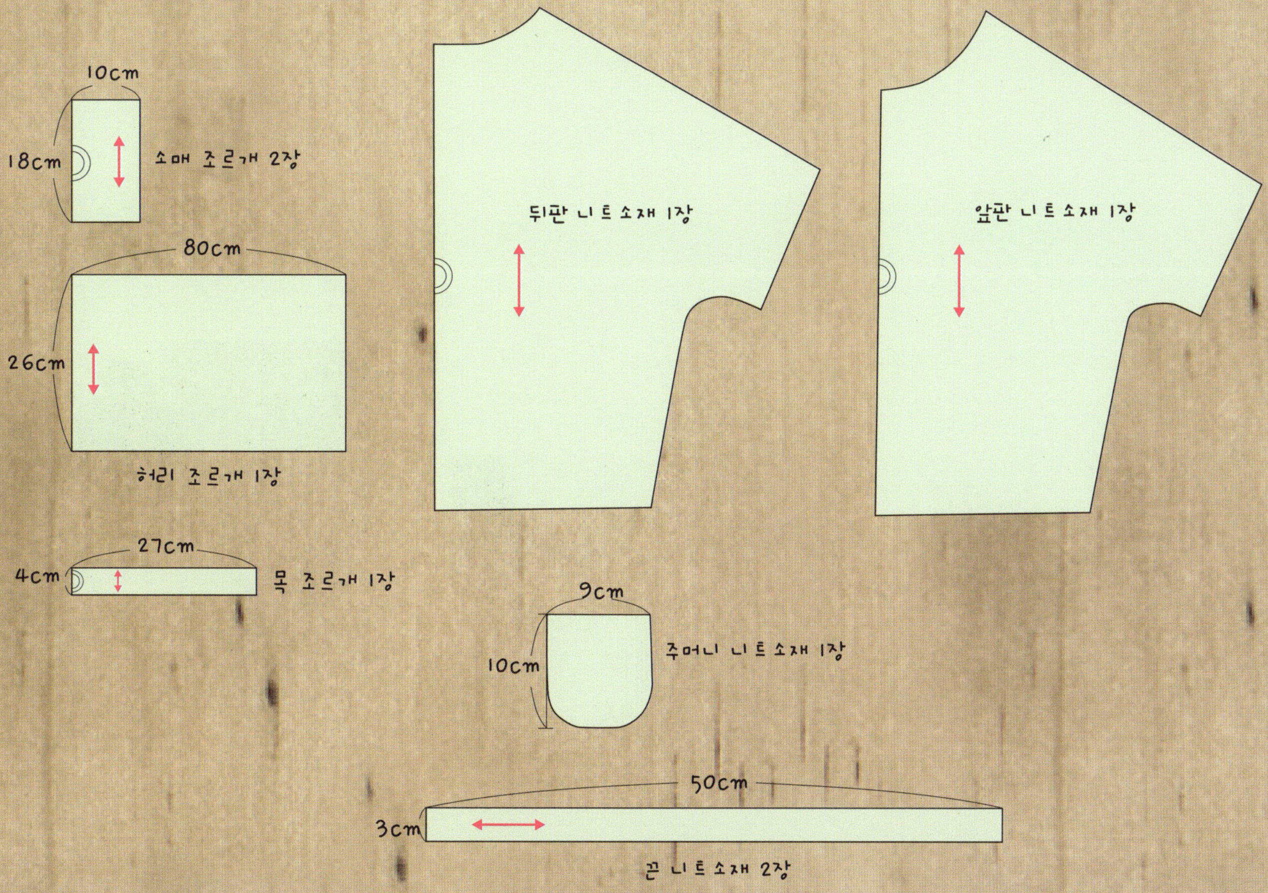

1 주머니의 전체를 오버로크 처리한 후, 상단에 접착 다대테이프를 다림질해 부착한다.

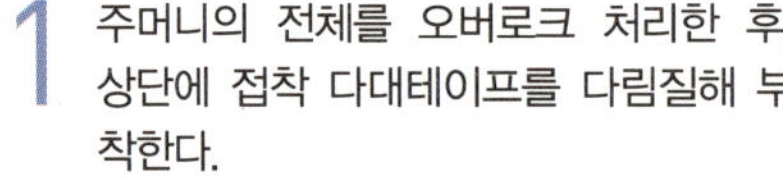

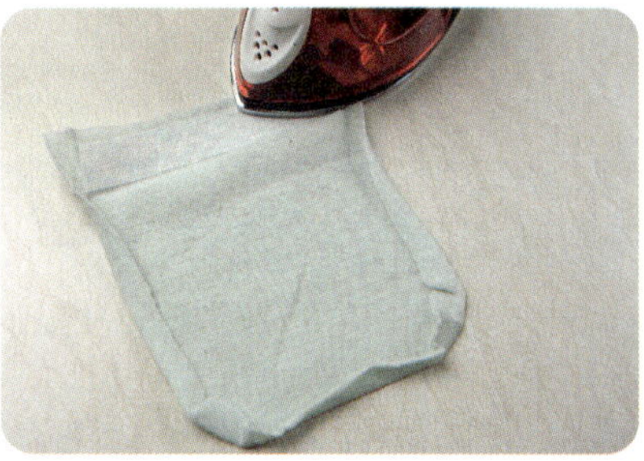

2 위 시접을 1.5cm로 한 번 접고, 나머지 3면은 5mm로 접어 다림질한다.

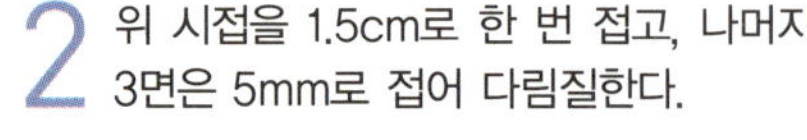

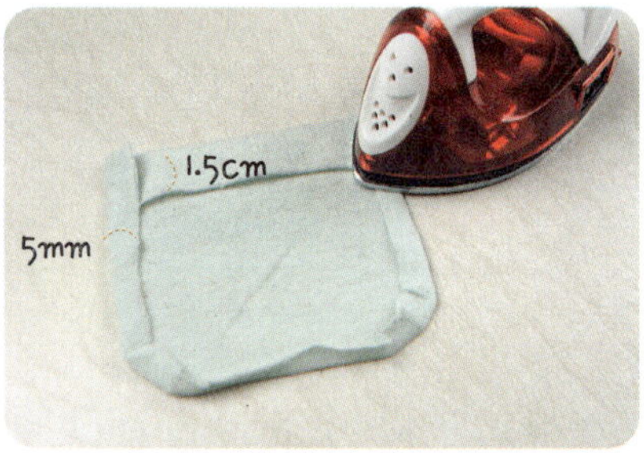

3 1.5cm 접은 위 시접을 손바느질로 퀼팅하고, 앞판의 왼쪽 가슴쪽에 놓고 상단을 제외한 3면을 박음질해 고정시킨다.

4 주머니의 가운데에 단추로 포인트를 준다.

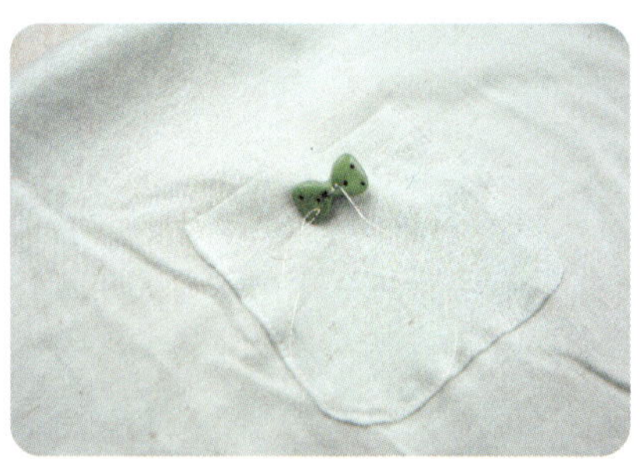

5 앞판과 뒤판을 겉과 겉이 마주보게 놓고, 어깨라인과 허리 옆선을 박음질한 후 오버로크 처리한다.

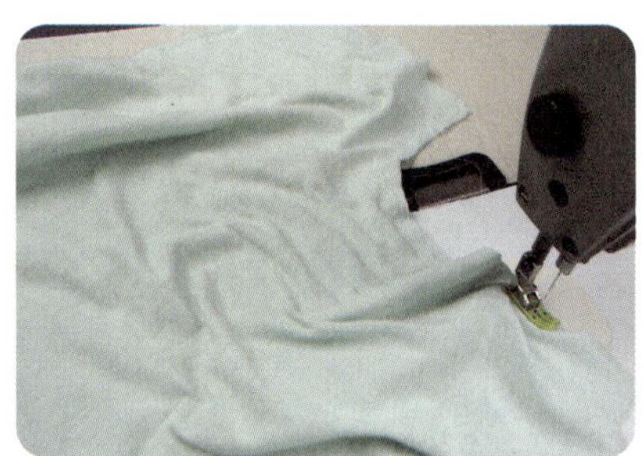

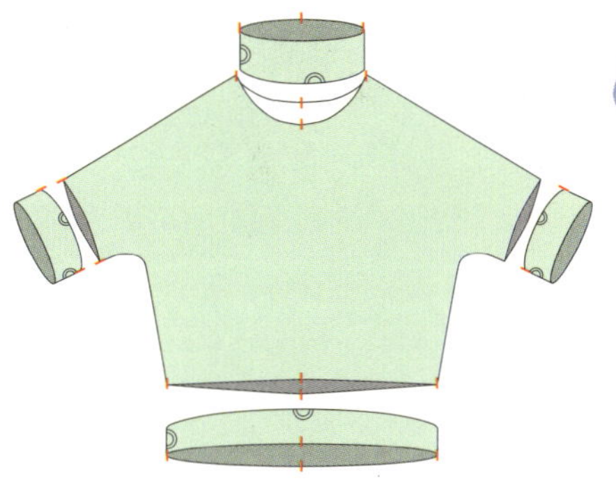

6 소매 조르개를 겉과 겉이 마주보게 가로로 반을 접은 후, 세로 폭을 박음질한다.

7 세로로 반을 접은 후 2등분해 표시하고, 몸판의 손목 부분도 2등분해 표시한다.

8 몸판의 2등분 기점과 소매 조르개의 2등분 기점을 맞춰 몸판을 조르개에 끼워 넣는다. 소매 조르개를 당기면서 몸판의 2등분을 맞춰가며 박음질한 후, 오버로크 처리한다.

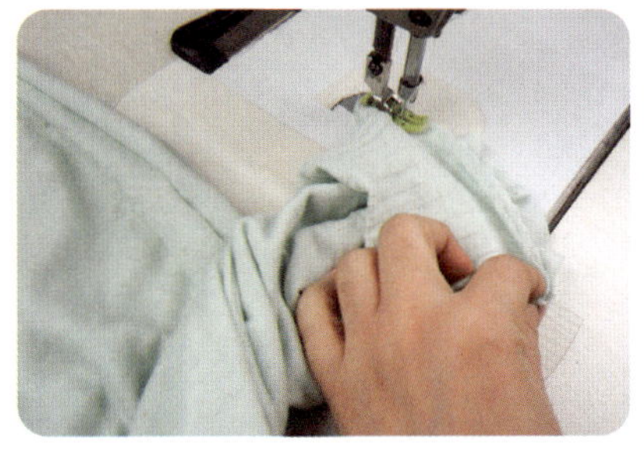

9 허리 조르개 역시 가로로 반을 접어 세로 폭을 박음질한다.

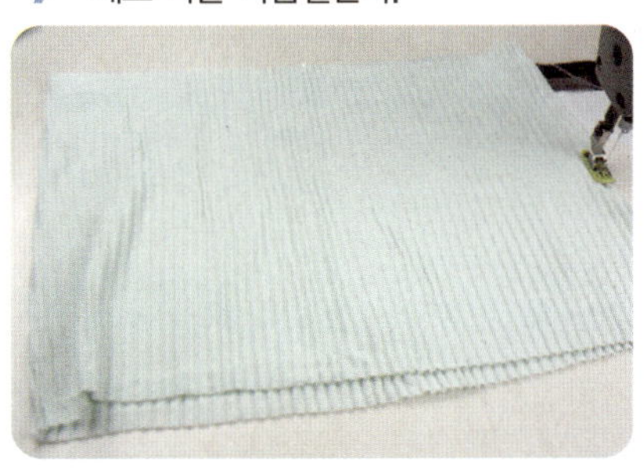

10 세로로 반을 접어 4등분해 표시하고, 몸판의 하단 역시 4등분해 표시한다.

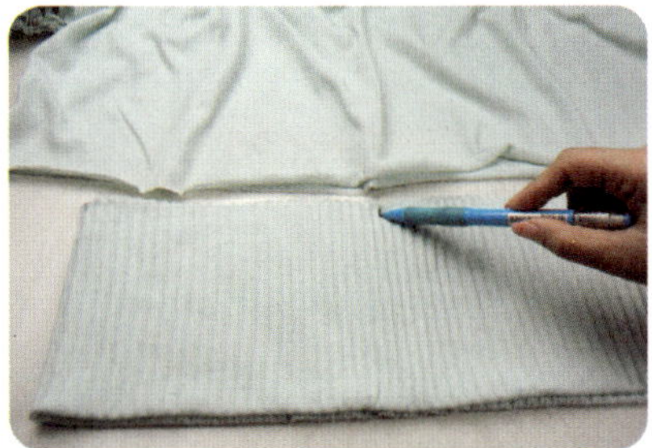

11 몸판의 4등분 기점과 허리 조르개의 4등분 기점을 맞춰 몸판을 조르개에 끼워 넣는다.

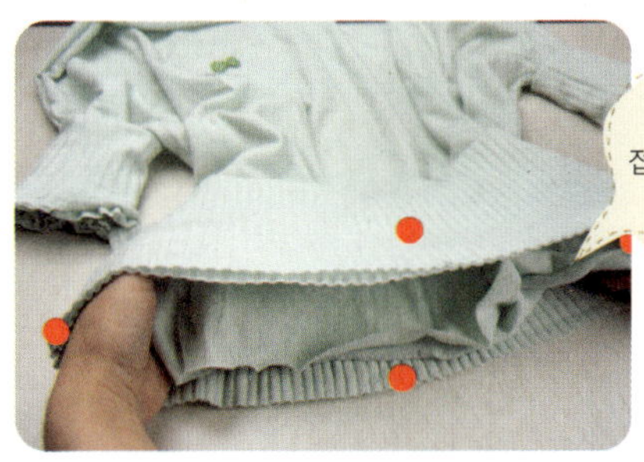

12 4등분점을 맞춰가며 박음질한 후, 오 버로크 처리한다.

13 목 조르개도 몸통 조르개와 동일한 방 법으로 몸판의 목 부분에 연결한다.

14 시접을 몸판쪽으로 꺾고, 겉에서 2mm 간격으로 눌러박는다.

끈 연결하기

15 끈은 세로로 반을 접어 가로 폭을 박음질한 후, 고리 뒤집개로 뒤집는다.

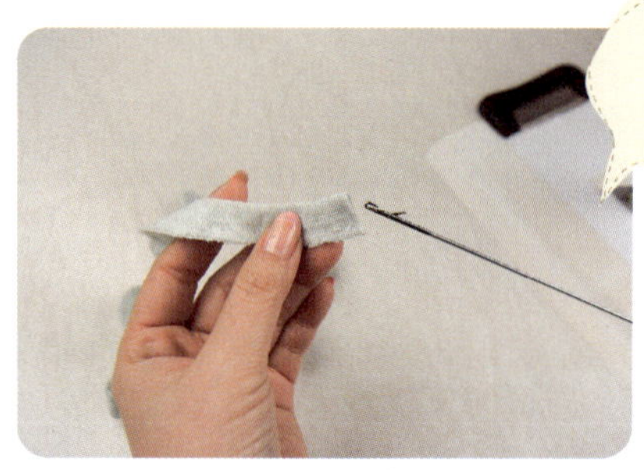

16 몸판 목 부분의 앞쪽 안에 양 옆 이 음선에서 7cm 부근에 끈을 박음질 해 고정시킨 후 다림질한다.

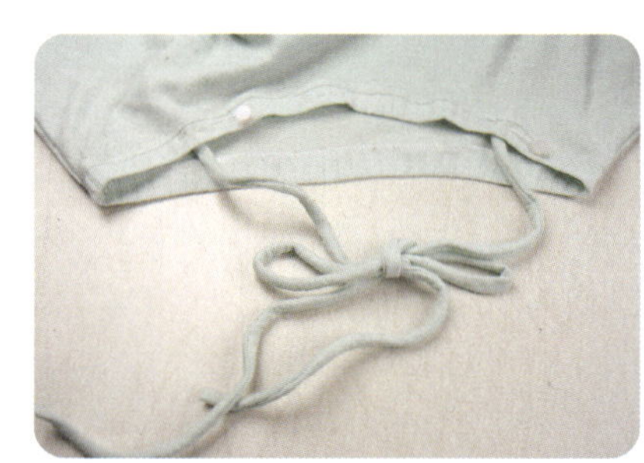

Tip
니트 소재는 마지막에 스팀 다리미로 열 을 쏘아 가지런하도록 마무리하는 것이 중요하다

원단 한장의 마법
서큘러 스커트

재단도 간단하고 만들기도 쉬운 서큘러 스커트.
니트나 거즈처럼 부드러운 소재로 만들면
자연스럽게 실루엣이 살아난답니다.

재료

니트 소재 1.5y~2y정도, 해당 조르개
(시보리)원단

재단하기

1 실물본을 이용해 시접 없이 재단한다.

2 니트 소재를 1.5y~2y 정도 준비한 후 바이어스 방향으로
접어 재단한다.

3 해당 조르개원단을 60cm×24cm로 1장 재단한다.

* 해당 사이즈는 30인치까지 가능한 Free size이다.

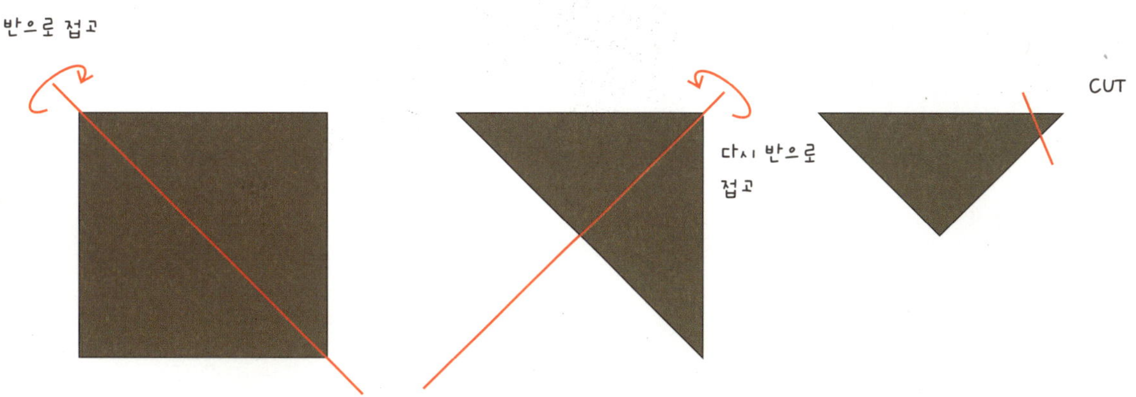

몸판과 조르개 연결하기

1 몸판을 모양대로 놓고 허리 부분을 4등
분해 표시한다.

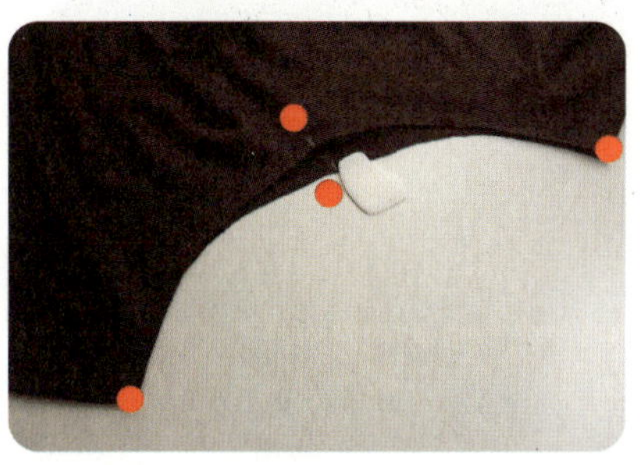

2 조르개를 겉과 겉이 마주보게 가로로
반을 접은 후, 세로 폭을 박음질한다.

3 허리둘레를 다시 세로로 반을 접은 후
4등분해 표시한다. 몸판의 허리 부분에
도 4등분해 표시한다.

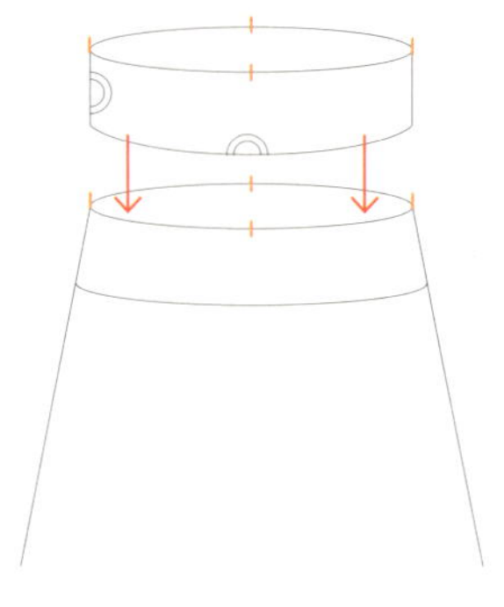

4 몸판의 4등분 기점과 조르개의 4등분 기점을 맞춰 몸판을 조르개에 끼워 넣는다.

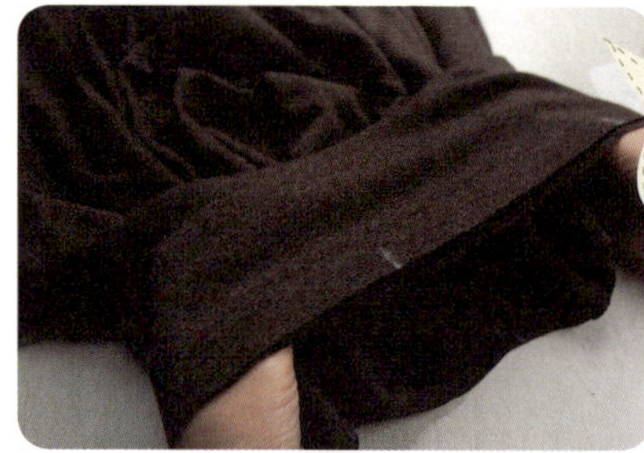

5 조르개를 당기면서 몸판의 4등분을 맞춰가며 박음질한 후, 오버로크 처리한다.

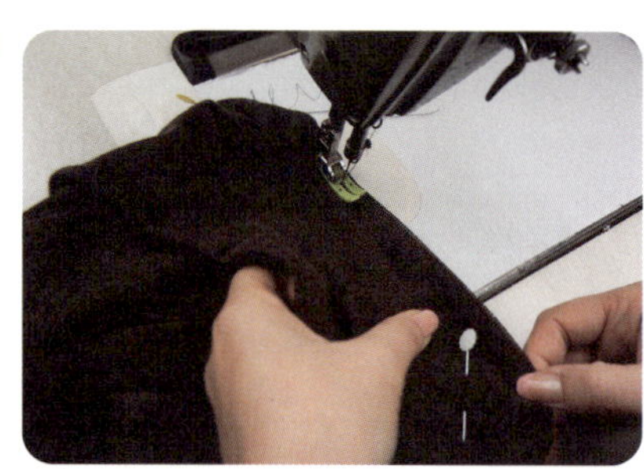

밑단처리하기

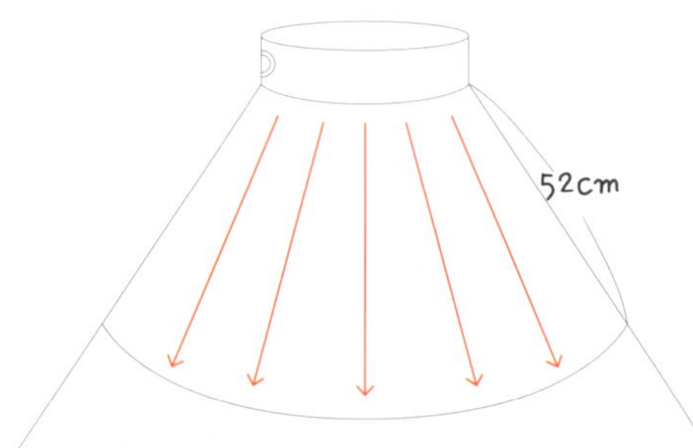

6 조르개 부분을 반을 접어 몸판을 스커트 모양대로 정리한 후 허리부터 밑단까지 52cm가 되도록 원형으로 굴려 자른다.

Tip

이렇게 원형으로 굴려 자르는 것을 '컴퍼스 재단'이라고 한다. 스커트의 단 길이를 짧게 하면 무릎 위 미니스커트로, 단 길이를 길게 하면 롱스커트로 활용 가능하다. 또한 니트 소재는 올 풀림이 없어 밑단처리를 하지 않고도 바로 착용이 가능한 것이 장점이다

날씬함이 돋보이는
차이나 셔츠형 원피스
기존의 셔츠와는 조금 다른 느낌으로 길이감이 긴 셔츠형 원피스를 만들어보았어요.
포인트는 바로 허리의 조르개랍니다. 조르개는 허리 부분을 피트하게 감싸주어
더욱 날씬해 보이도록 만들어 줄 거예요.

재료

거즈 주름 워싱 체크 순면, 해당 조르개
(시보리)원단, 접착테이프, 접착 심지,
단추 14개, 단추 구멍 노루발

재단하기

1. 실물본을 이용해 시접 없이 재단한다.(캐쥬얼 55~66 싸이즈)
2. 거즈 주름 워싱 체크 순면에 앞판 상단 2장, 뒤판 상단 1장,
   앞판 스커트 2장, 뒤판 스커트 1장, 소매 2장, 칼라 2장,
   소매 카우스 4장을 재단한다.
3. 해당 조르개원단에 허리 60cm×19cm 1장을 재단한다.
4. 접착 심지는 23cm×4cm로 2장, 칼라 길이에 맞춰 1장을
   준비한다.

* 체크원단의 경우 재단할 때 원단의 체크 선을 맞추어 재단
  하는 것이 좋다.

몸판 상단 만들기

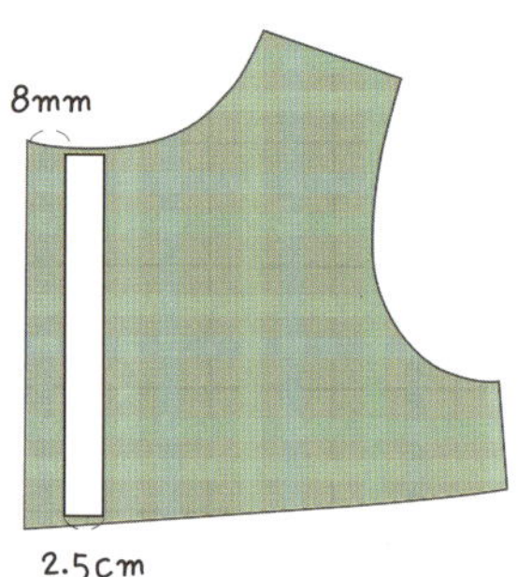

1 앞판 상단 2장 모두 단추 여밀 부분 앞단에 8mm 간격을 두고, 1.5cm 접착테이프 두 장을 2.5cm가 되도록 겹쳐 다림질해 붙인다.

2 간격을 둔 8mm를 한 번 접고, 접착테이프를 붙인 부분을 한 번 더 접어 끝박음질한다.

3 뒤판과 앞판 2장을 겉과 겉이 마주보게 놓고, 어깨라인을 박음질한 후 오버로크 처리한다.

4 몸판 상단을 펼친 후, 몸판의 어깨 중심에 소매 중심을 겉과 겉이 마주보게 맞추어 놓고, 진동을 박음질한다.

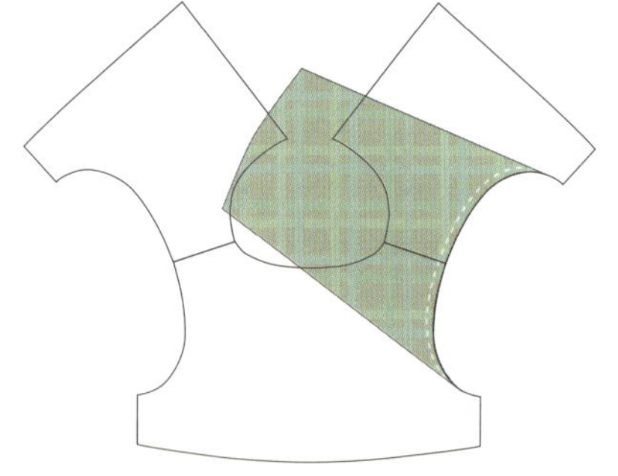

5 앞뒤판의 겨드랑이 중심을 맞춰 허리라인을 박음질하고, 소매라인은 끝부분 5cm를 남겨두고 박음질한다.

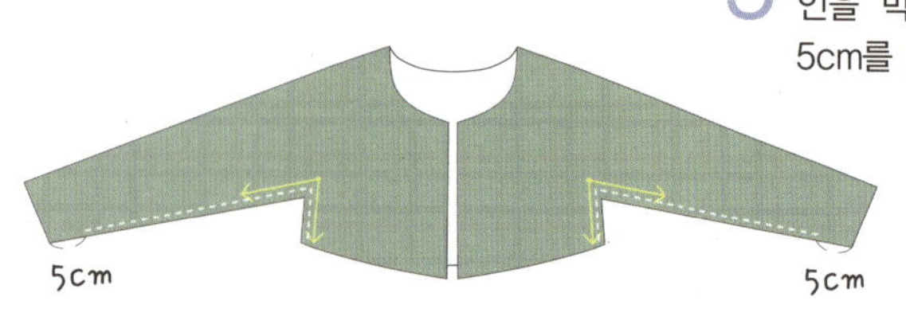

6 5cm 남긴 부분은 가름솔로 오버로크 처리하고, 1cm를 한 번 접어 박음질한다.

소매카우스 연결하기

7 소매 카우스 한쪽 면에 접착 심지를 다림질해 접착한다.

8 소매 카우스 2장을 겉과 겉이 마주보게 놓은 후, 상단을 제외한 3면을 박음질하고 뒤집어둔다.

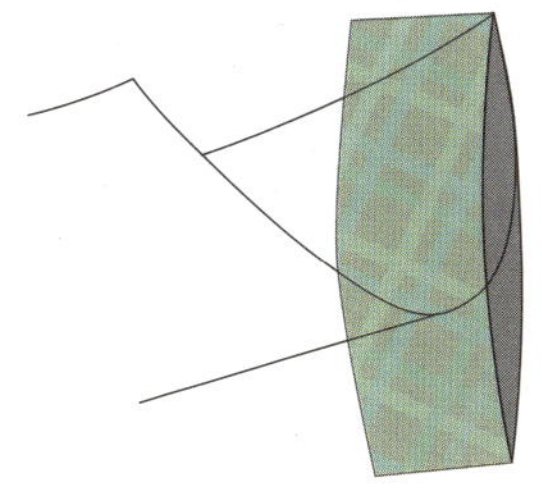

9 몸판의 소매 안쪽 끝과 소매 카우스의 겉쪽 끝을 맞춰 시침핀 고정 후, 카우스의 한쪽 면과 소매를 박음질한다.

이때 왼쪽 팔은 소매 카우스를 위로 1.5cm 남겨두고 박음질하고, 오른쪽 팔은 소매 카우스를 아래로 1.5cm를 남겨두고 박음질한다

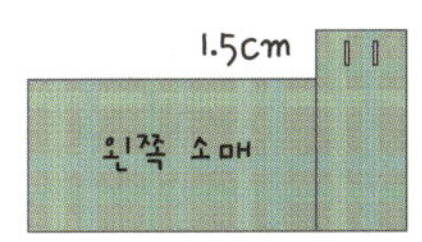

10 소매 카우스를 겉으로 넘겨 1cm 안
으로 접어 다림질한다.

11 겉에서 눌러박는다.

허리 조르개 연결하기

12 허리 조르개의 세로 폭 양쪽을 8mm
로 한 번 접고, 2.5cm 한 번 더 접
어 박음질한다.

13 몸판 상단의 허리 중심과 허리 조르개의 중심을 맞춰 겉과 겉이 마주보게 놓는다.

14 몸판의 허리둘레에 맞게 허리 조르개만 당겨가며 박음질한 후, 오버로크 처리한다.

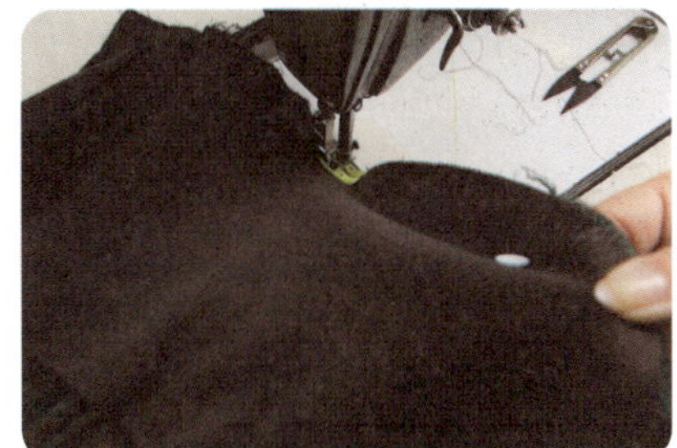

몸판 스커트 만들기

15 앞판 스커트 2장 모두 단추 여밈 부분 앞단에 8mm 간격을 두고, 1.5cm 접착테이프 두 장을 2.5cm가 되도록 겹쳐 다림질해 붙인다.

16 간격을 둔 8mm를 한 번 접고, 접착 테이프를 붙인 부분을 한 번 더 접어 끝박음질한다.

17 뒤판 스커트와 앞판 스커트 2장을 겉과 겉이 마주보게 놓고, 양 옆을 박음질한 후 오버로크 처리한다.

18 몸판 상단의 허리 중심과 스커트의 중심을 맞춰 겉과 겉이 마주보게 놓는다.

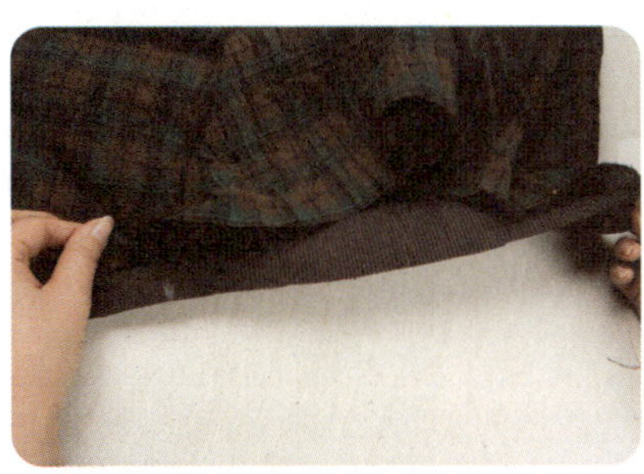

19 몸판 스커트의 끝에 맞게 허리 조르개만 당겨가며 박음질한 후, 오버로크 처리한다.

20 스커트의 밑단 5mm를 두 번 접어 눌러박는다.

칼라 달기

21 칼라의 안쪽 면에 접착 심지를 다림질해 접착한다.

22 칼라 2장을 겉과 겉이 마주보게 놓은 후, 상단을 제외한 3면을 박음질한다.

23 끝부분에 가위집을 준 후 뒤집는다.

24 몸판의 목 안쪽 끝과 칼라의 겉쪽 끝을 맞춰 시침핀 고정 후, 칼라의 한 쪽 면과 목 부분을 박음질한다.

25 칼라를 겉으로 넘긴 후, 1cm 안으로 접어 다림질한다.

26 겉에서 눌러박는다.

27 단추는 목 부분에서 7cm 간격으로 약 10개정도 달고, 소매 부분은 양쪽에 2개씩 단다.

사랑스러운 느낌가득
커플 후드 티셔츠
캐주얼하고 활동적인 후드 티셔츠는 누구나 좋아하는 기본 아이템이지요.
비슷한 소재를 사용해 사랑하는 사람과의 사랑스러운 커플룩을 연출해보세요!

재료

니트 소재, 해당 조르개(시보리)원단, 면
끈, 장식 방울, 포인트 전사지, 단추 구
멍 노루발

재단하기

① 실물본을 이용해 시접 없이 재단한다.

② 니트 소재에 앞판 1장, 뒤판 1장, 소매 2장, 후드 2장을 재단한다.

③ 해당 조르개원단에 허리 1장, 소매 2장을 재단한다(조르개의 길이
는 해당 부분 둘레에 70% 정도를 설정한다). 본문은 여성용으로
만들었으며, 조르개는 허리 60cm×15cm, 소매 20cm×14cm로
재단하였다.

④ 면 끈은 80cm를 준비한다.

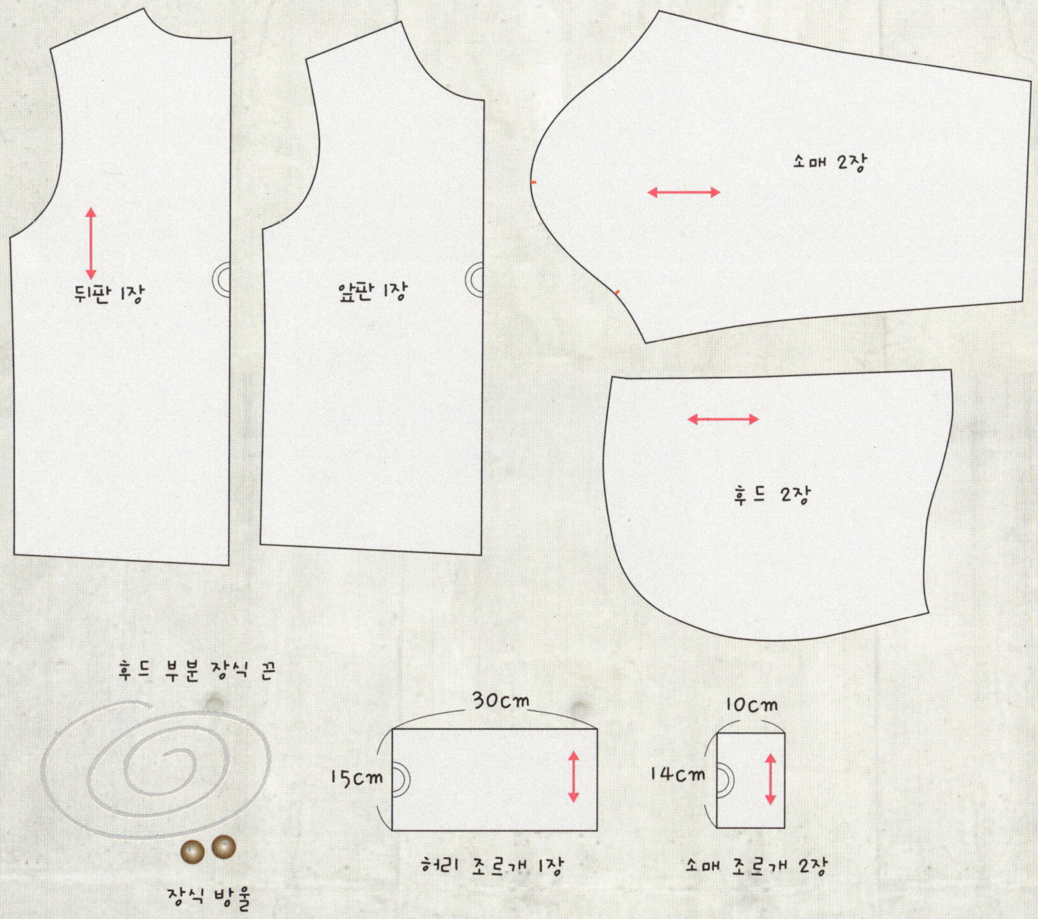

1 앞판의 왼쪽 가슴에 포인트 전사지를 뒤집어놓고 다림질해 접착한 후, 열이 식으면 떼어낸다.

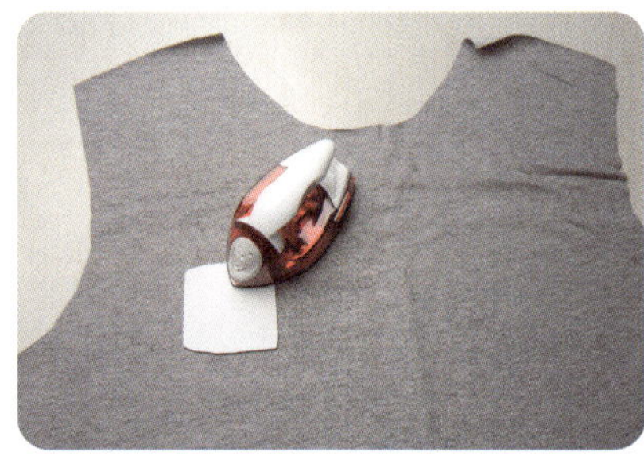 

2 앞판과 뒤판을 겉과 겉이 마주보게 놓고, 어깨라인을 박음질한 후 오버로크 처리한다.

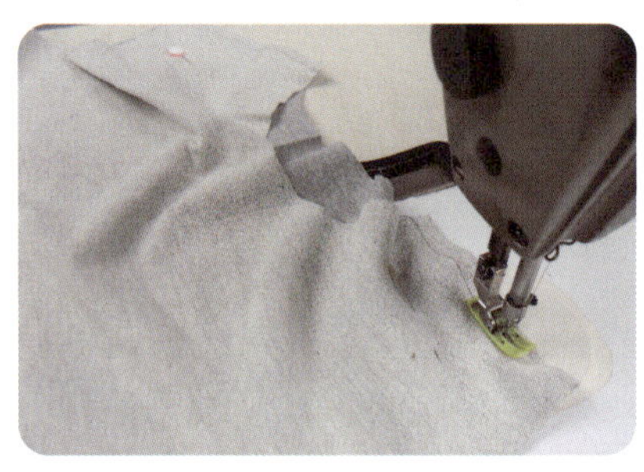

3 몸판을 펼친 후, 몸판의 어깨 중심에 소매 중심을 겉과 겉이 마주보게 맞추어 놓고, 진동을 박음질한다.

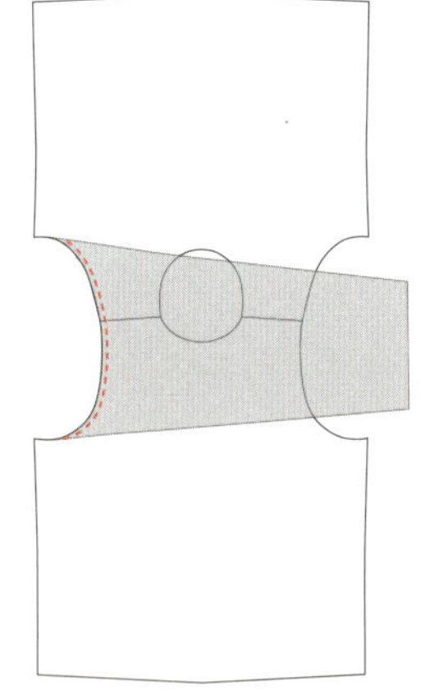

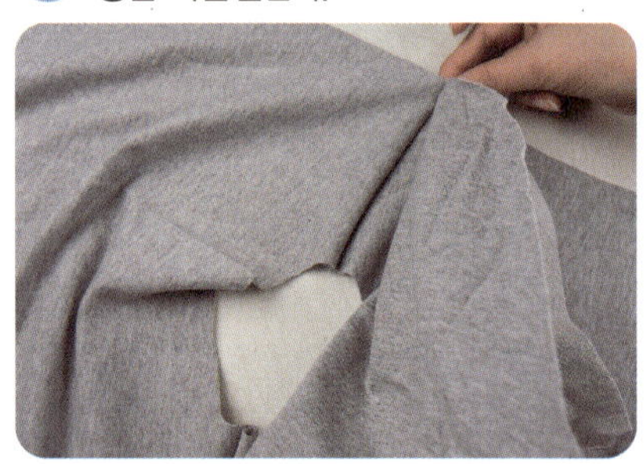 

4 앞뒤판의 겨드랑이 중심을 맞춰 허리라인을 박음질하고, 소매라인을 박음질한다. 목둘레를 제외한 전체를 오버로크 처리하고 뒤집는다.

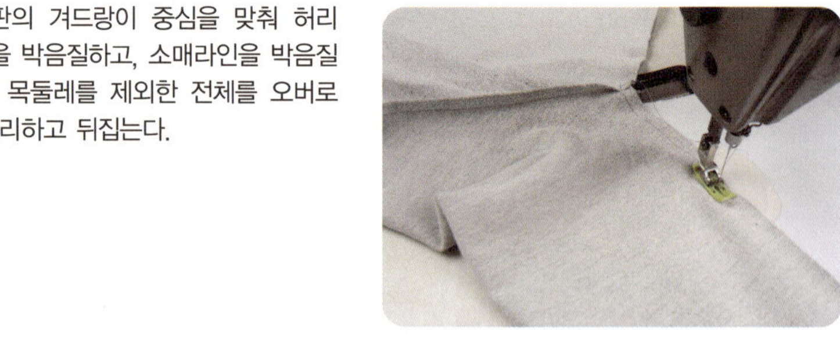

5 후드 두 장을 겉과 겉이 마주보게 놓고, 머리가 되는 곡선 부분을 박음질한 후 오버로크 처리한다.

6 후드 앞부분에서 3cm, 하단에서 5cm 지점을 표시한다.

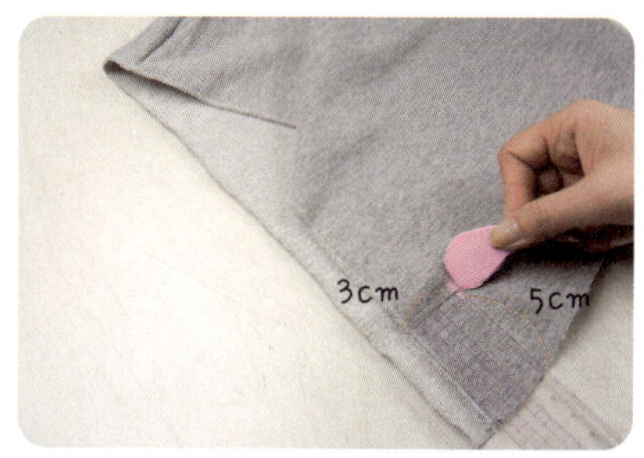

7 단추 구멍 노루발로 교체 후, 표시한 지점에 1cm로 단추 구멍을 낸다.

8 후드 앞부분을 2cm 접어 전체를 둘러 박음질한다.

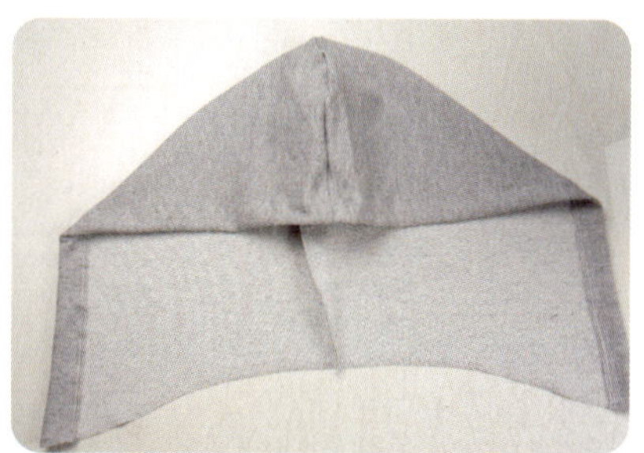

9 몸판의 뒤쪽 목 중심과 후드의 중심을 맞추어 겉과 겉이 마주보게 놓고, 목 부분 전체를 둘러 박음질한다.

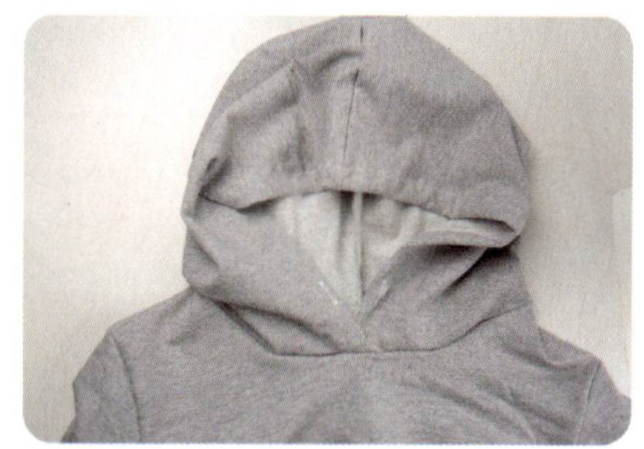

조르개 연결하기

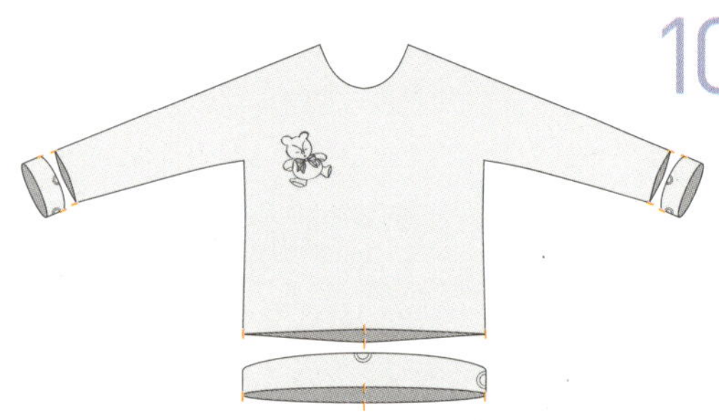

10 허리 조르개를 겉과 겉이 마주보게 가로로 반을 접은 후, 세로 폭을 박음질한다.

11 다시 세로로 반을 접은 후 2등분해 표시하고, 몸판의 허리 부분도 2등분해 표시한다. 몸판의 2등분점과 허리 조르개의 2등분점을 맞춰 몸판을 허리 조르개에 끼워 넣는다.

허리 조르개의 접힌 쪽이 몸판 쪽으로 가도록 배치

12 허리 조르개를 당기면서 몸판의 2등분점을 맞춰 박음질한 후, 오버로크 처리한다.

13 손목 조르개도 허리 조르개와 동일한 방법으로 몸판의 허리 부분에 연결한다.

14 면 끈을 옷핀에 끼워 후드의 단추 구멍 사이에 끼운다.

15 면 끈의 끝에 장식 방울을 끼우고 매듭을 짓는다.

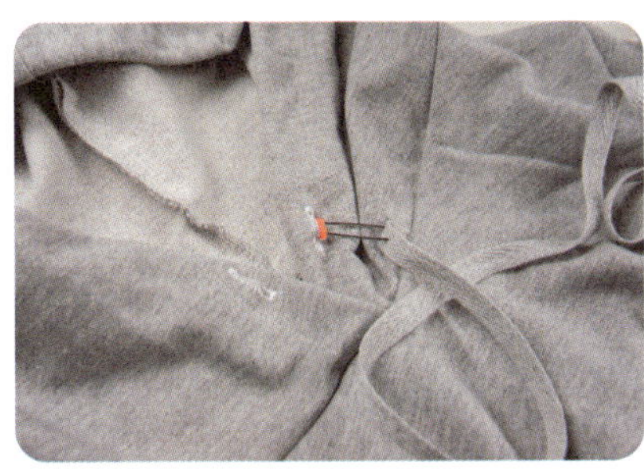 

독특한 디자인의
비숍 카디건

기존의 카디건과는 다른 독특한 디자인. 어깨와 팔에만 살짝 걸쳐
입는 특별한 카디건을 만들어보았어요. 실내에서 코디해 입기 좋은
멋스러운 비숍 카디건으로 따뜻한 하루를 보내세요.

재료

니트 소재, 해당 골지 조르개(시보리) 원단

재단하기

① 실물본을 이용해 시접 없이 재단한다.(캐쥬얼 55~66 싸이즈)

② 니트 소재에 몸판 1장을 재단한다.

③ 해당 골지 조르개원단에 테두리 120cm×12cm 2장,
소매 20cm×30cm 2장을 재단한다.

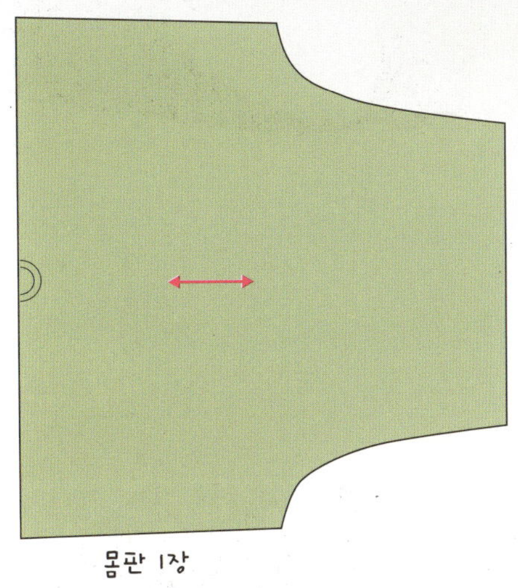

몸판 1장

몸판 소매만들기

1 몸판을 겉과 겉이 마주보게 세로로 반을 접는다.

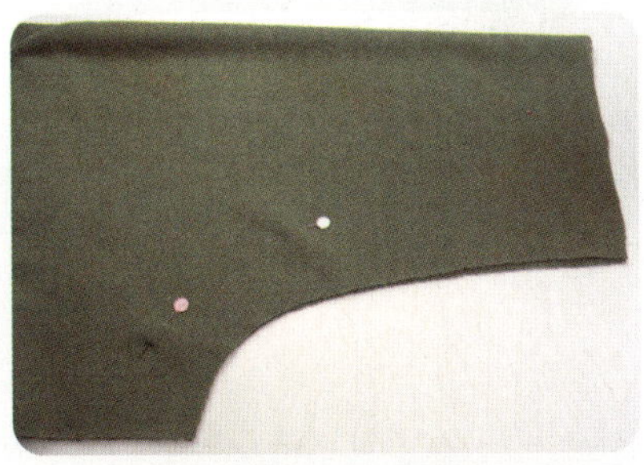

2 양 옆 소매가 될 부분을 박음질한 후, 오버로크 처리하고 뒤집는다.

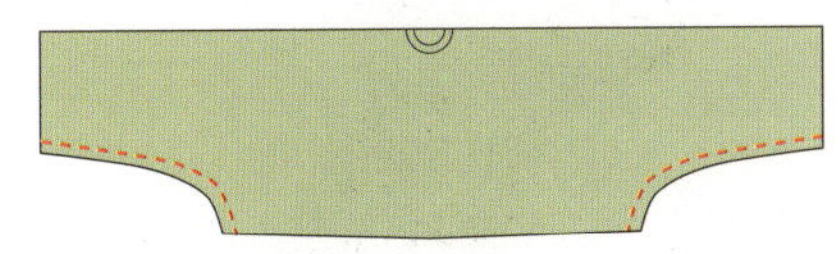

조르개 연결하기

3 소매 조르개를 겉과 겉이 마주보도록 가로로 반을 접은 후, 세로 폭을 박음질한다.

4 시접을 가름솔해 세로로 반을 접는다.

5 소매 조르개를 2등분해 표시하고, 몸판의 소매 폭을 2등분해 표시한다.

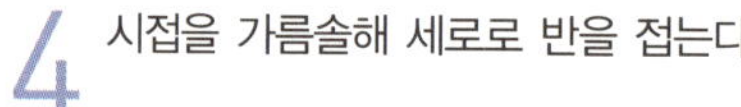

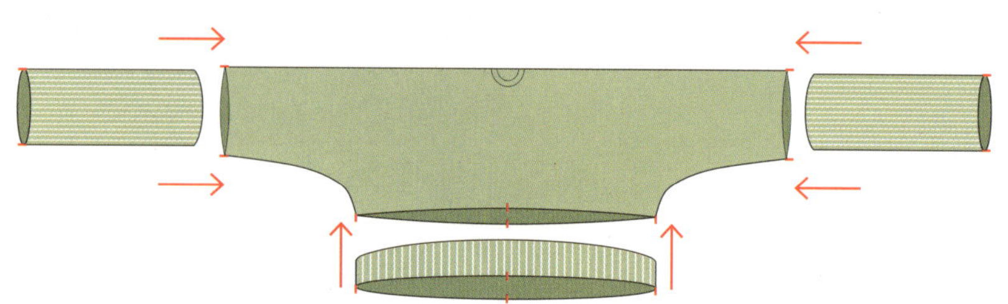

6 몸판 소매의 2등분 기점과 소매 조르개의 2등분 기점을 맞춰 몸판 소매를 소매 조르개에 끼워 넣는다.

8 테두리 조르개 역시 소매 조르개와 동일한 방법으로 몸판 하단에 연결한다.

7 소매 조르개를 당기면서 몸판의 2등분 점을 맞춰가며 박음질한 후, 오버로크 처리한다.

Tip

몸판 소매가 조르개 소매보다 크므로, 몸판 소매를 주름을 잡아 볼륨감을 주며 박음질한다

베이직 아이템
남성 카디건
셔츠나 티셔츠 위에 간단하게 걸쳐 입어 보온성과 멋스러움을
동시에 아우르는 필수 아이템. 원단의 두께나 색감에 따라
계절별로 다른 느낌을 주어 즐겨 입을 수 있습니다.

재료

나염 니트 소재, 무지 니트 소재, 해당
조르개(시보리)원단, 단추 6개, 단추 구
멍 노루발

재단하기

1 실물본을 이용해 시접 없이 재단한다.(캐쥬얼 남성 100 기준)

2 나염 니트 소재에 앞판 2장과 뒤판 1장을 재단하고, 무지 니트 소재에 소매 2장을 재단한다.

3 해당 조르개원단에 테두리 160cm×8cm 1장, 소매 22cm×12cm 2장, 허리 96cm×20cm 1장을 재단한다.

뒤판 1장

앞판 2장

소매 2장

11cm

12cm

소매 조르개 2장

96cm

20cm

허리 조르개 1장

160cm

8cm

테두리 조르개 1장

안감만들기

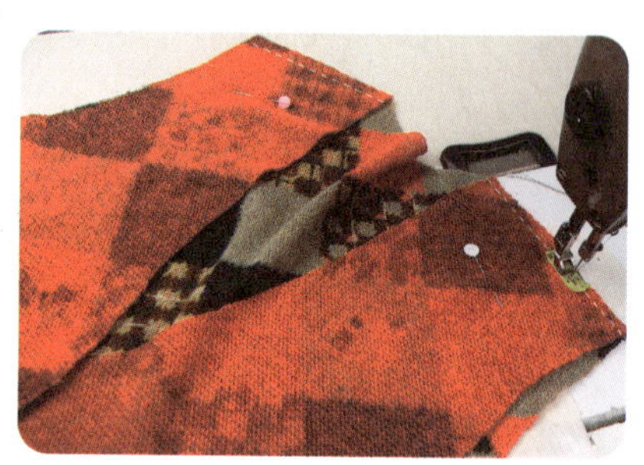

1 앞판과 뒤판을 겉과 겉이 마주보게 놓고, 어깨라인을 박음질한 후 오버로크 처리한다.

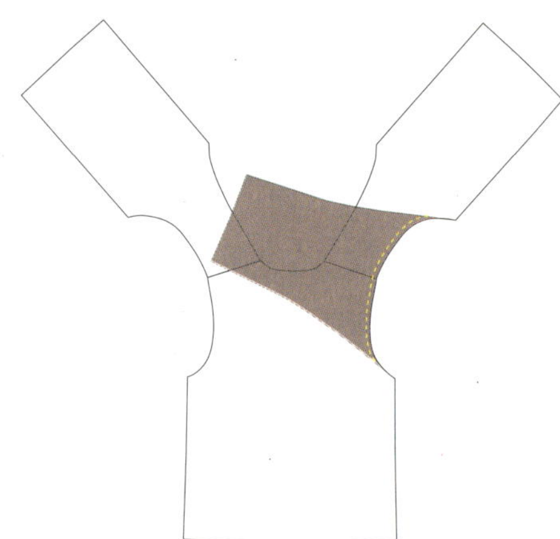

2 몸판을 펼친 후, 몸판의 어깨 중심에 소매 중심을 겉과 겉이 마주보게 맞추어 놓고, 진동을 박음질한다.

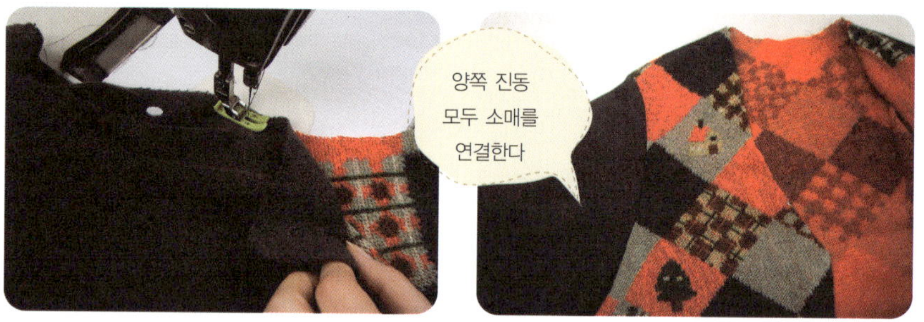

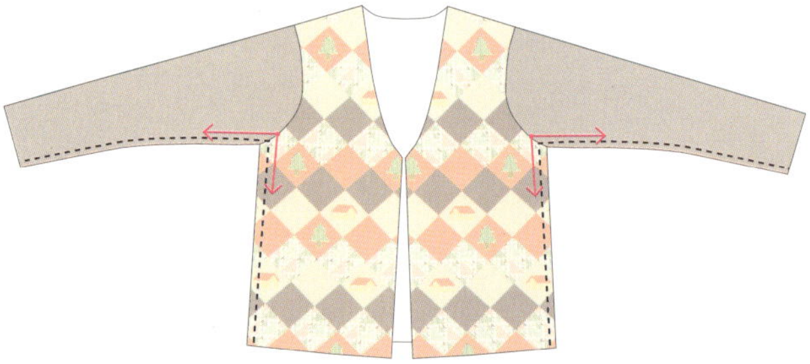

3 앞뒤판의 겨드랑이 중심을 맞춰 허리라인을 박음질하고, 소매라인을 박음질한다. 목둘레를 제외한 전체를 오버로크 처리하고 뒤집는다.

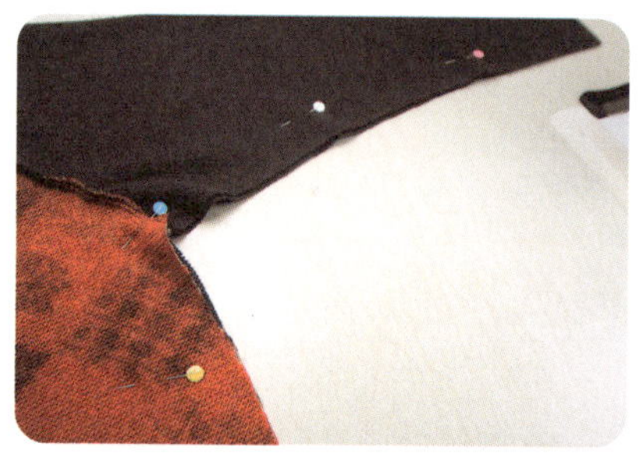

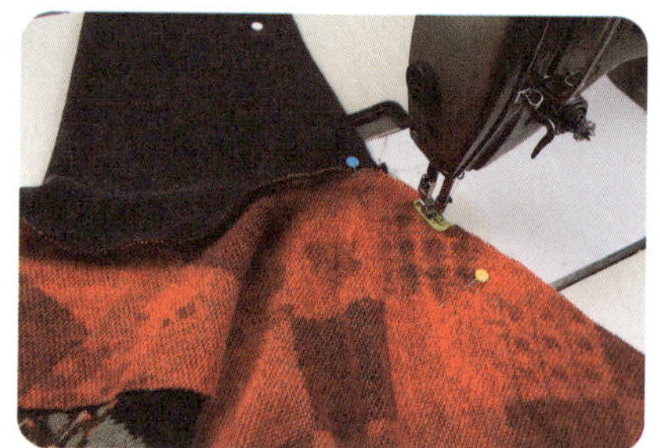

4 소매 조르개를 겉과 겉이 마주보게 가로로 반을 접은 후, 세로 폭을 박음질한다.

5 세로로 반을 접은 후 2등분해 표시하고, 몸판의 소매 역시 2등분해 표시한다.

6 몸판 소매 부분의 2등분 기점과 소매 조르개의 2등분 기점을 맞춰 몸판을 소매 조르개에 끼워 넣는다.

7 소매 조르개를 당기면서 몸판의 2등분을 맞춰가며 박음질한 후, 오버로크 처리한다.

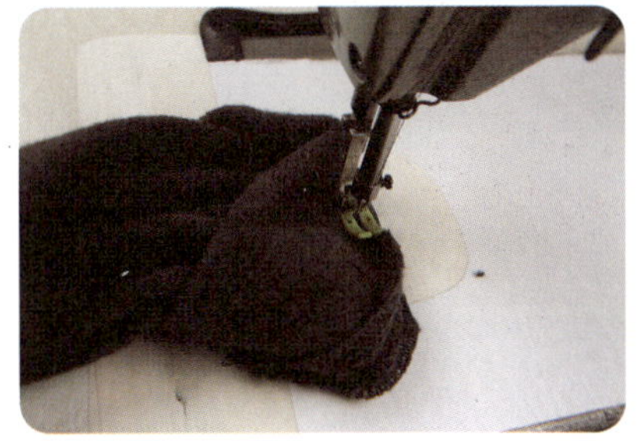

8 테두리 조르개는 가로로 반을 접어 세로 폭을 박음질한 후, 뒤집는다.

9 앞판의 왼쪽 밑단에 테두리 조르개를 겉과 겉이 마주보게 놓고 살짝 당겨 가며 둘러 박음질한다.

10 끝부분의 5cm정도를 남겨두고 바늘을 뺀 후, 남는 테두리는 잘라낸다.

11 처음과 같이 테두리를 뒤집어 세로 폭을 박음질한다.

12 다시 뒤집어 남은 부분을 박음질해 마무리한다.

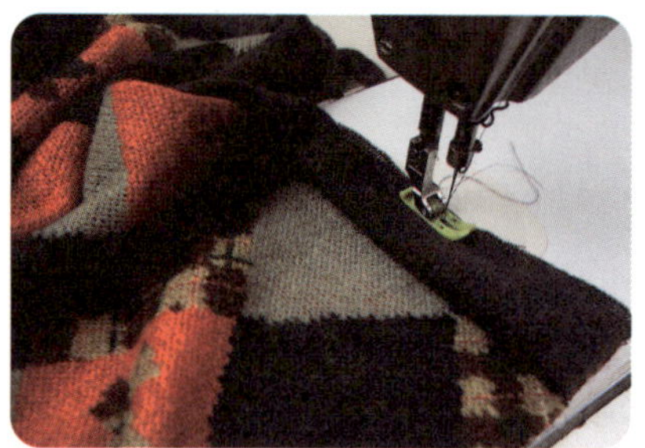

13 허리 조르개 역시 테두리 조르개와 동일한 방법으로 몸판 허리 부분에 연결한다.

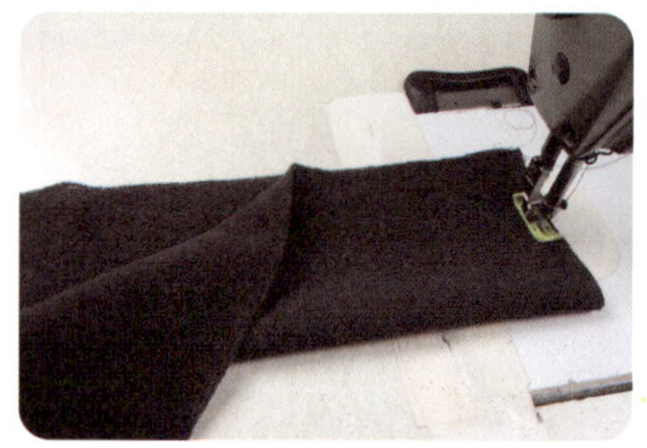

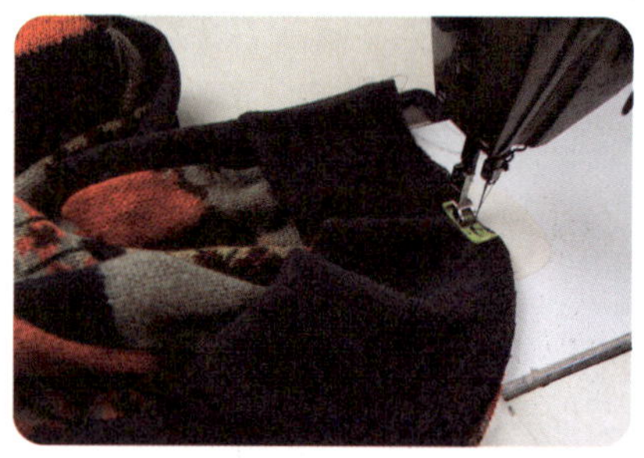

단추 달기

14 남성복은 앞판에서 왼쪽을 덮어 여미므로, 왼쪽에 단추 구멍을 내고, 오른쪽에 단추를 단다.

앞판의 하단 조르개에 2개,
조르개 위로 6cm 간격으로
6개의 단추와
단추 구멍 달기

Sewing guide

세련된 멋
아가일 조끼

유행을 타지 않는 아가일 조끼는 계절에 구분 없이
셔츠 위에 덧입으면 세련된 멋을 살릴 수 있어요.
남성이라면 하나쯤은 가지고 있는 기본 아이템이지요.
남자친구에게, 혹은 남편에게 직접 만든 조끼를 선물해보세요.
마음이 듬뿍 담긴 사랑스러운 최고의 선물이 될 거예요.

재료

아가일 나염 니트 소재, 무지 니트 소재, 해당 조르개(시보리)원단, 포인트 라벨

재단하기

① 실물본을 이용해 시접 없이 재단한다.(남성 캐쥬얼 100 기준)

② 아가일 나염 니트 소재에 앞판 1장을 재단하고, 무지 니트 소재에 뒤판 1장을 재단한다.

③ 해당 조르개원단에 목 56cm×6cm 1장, 허리 84cm×20cm 1장, 진동 44cm×6cm 2장을 재단한다.

④ 실은 스판사를 사용한다.

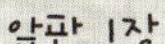

뒤판 1장

앞판 1장

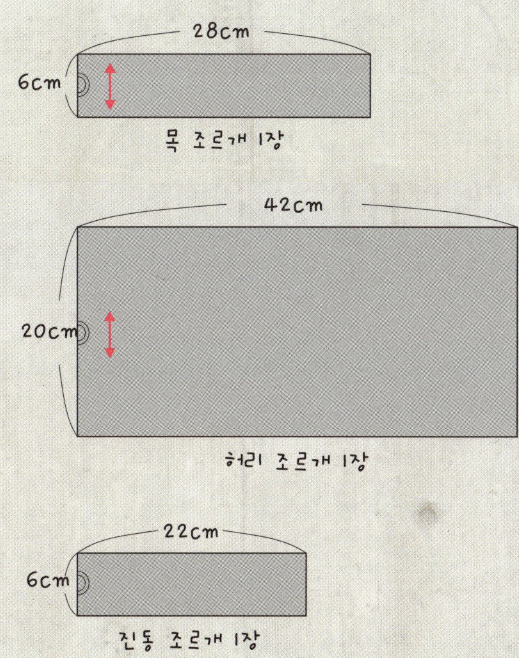

앞두판 합폭하기

1 포인트 라벨을 앞판 오른쪽 하단에 박음
질해 핸드메이드 느낌을 살린다.

2 앞판과 뒤판을 겉과 겉이 마주보게 놓
고, 어깨라인과 허리 옆선을 박음질한
후 오버로크 처리한다.

3 목 조르개를 겉과 겉이 마주보게 가로로 반을 접은 후, 세로 폭에 사진과 같이 표시한다.

4 표시된 선을 따라 박음질한 후 시접 0.5cm를 남기고 잘라낸다.

5 세로로 반을 접은 후, 4등분해 표시하고, 몸판의 목 부분도 4등분해 표시한다.

6 목 조르개의 V라인 중심과 몸판 목 부분의 V라인 중심을 맞추고, 4등분 기점을 맞춰 몸판을 목 조르개에 끼워 넣는다.

7 목 조르개를 당기면서 몸판의 4등분 점을 맞춰 박음질한 후, 오버로크 처리한다.

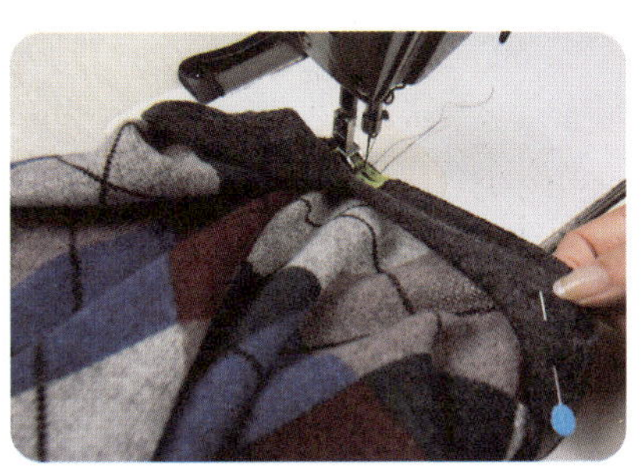

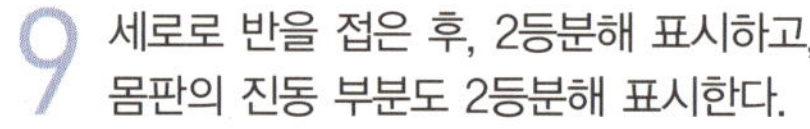

8 진동 조르개도 겉과 겉이 마주보게 가로로 반을 접은 후, 세로 폭을 박음 질한다.

9 세로로 반을 접은 후, 2등분해 표시하고, 몸판의 진동 부분도 2등분해 표시한다.

10 몸판 진동 부분의 2등분 기점과 진동 조르개의 2등분 기점을 맞춰 몸판을 진동 조르개에 끼워 넣는다.

11 진동 조르개를 당기면서 몸판의 2등분을 맞춰 박음질한 후, 오버로크 처리한다.

12 허리 조르개 역시 진동 조르개와 동일한 방법으로 몸판 허리 부분에 연결한다.

이때 허리 조르개는
4등분으로 표시해
맞춰 박음질

언제나 즐겨입는
레깅스

겨울이라고 해서 스타일을 놓칠 수는 없는 법!
예쁘고 따뜻한 겨울을 보내기 위해 이제는 필수품이 된 레깅스.
탄성이 좋은 스판 니트 소재를 사용해 내 몸에 피트하게 맞는
활동적인 레깅스를 만들어봅시다.

재료

스판 니트 소재, 허리 고무줄, 포인트
라벨

재단하기

❶ 실물본을 이용해 시접 없이 재단한다.(캐주얼 싸이즈 55~66 M, 77 L)

❷ 스판 니트 소재에 몸판 2장을 재단한다. 길이는 본인의 허리에서 복숭
아 뼈까지 길이를 잰 후 밑단 시접 2cm를 더해 재단한다.

❸ 허리 고무줄은 2.5cm 폭의 고무줄을 사용하고, 길이는 자신의 허리
사이즈에서 2인치 작게 잘라 준비한다.

❹ 윗실은 면사, 밑실은 스판사를 사용하고, 니트전용바늘을 사용한다.

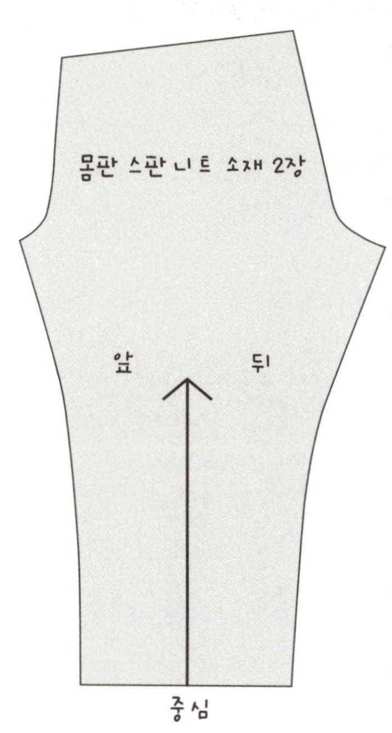

몸판만들기

1 앞뒤판의 구분을 위해 앞판 밑단 중심에
서 10cm 상단에 라벨을 박음질한다.

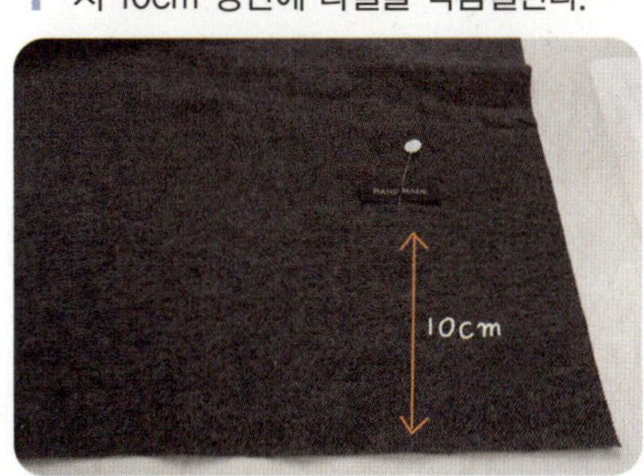

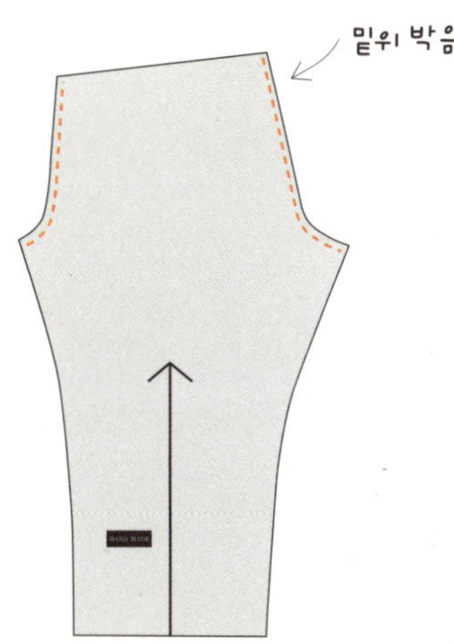

2 몸판 2장을 겉과 겉이 마주보게 놓고,
밑위를 박음질한 후 오버로크 처리한다.

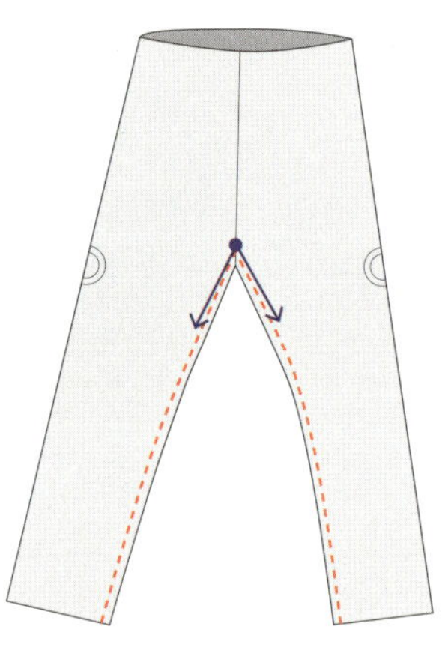

3 가랑이 부분의 중심을 맞추어 펼치고, 가랑이 중심에서 양 옆으로 박음질한 후 오버로크 처리한다.

4 허리 부분과 밑단을 오버로크 처리한 후, 허리 부분을 3cm정도 한 번 접어 창구멍 10cm를 남겨둔 후 둘러 박음질한다.

5 고무줄을 옷핀에 꽂아 허리 부분에 넣는다.

6 고무줄의 끝부분은 한꺼번에 박음질 해 이어준 후 창구멍을 박음질해 막는다.

7 허리 박음선 위에서 고무줄을 당겨가 며 한 번 더 눌러박는다.

Tip

세탁 후 고무줄의 꼬임을 방지하기 위함이다

8 밑단을 2cm정도 접어 박음질한다.

9 스팀다리미로 전체를 다림질한다.

피트한 매력
캐주얼 피트 칠부 팬츠
몸에 피트한 착용감을 위해 스판성이 강한 소재를 선택하세요.
봄과 가을에는 힐과 운동화에, 겨울에는 부츠에 코디하면
사계절 내내 전혀 다른 느낌으로 코디해 입을 수 있는
요긴한 아이템이랍니다.

재료

스판 구김 순면, 해당 조르개(시보리)
원단

재단하기

① 실물본을 이용해 시접 없이 재단한다.(캐쥬얼 55~66 기준)

② 스판 구김 순면에 앞판 2장, 뒤판 2장, 주머니 A 2장, 주머니
B 2장을 재단한다.

③ 해당 조르개원단에 허리 64cm×16cm 1장, 밑단 26cm×
12cm 2장을 재단한다.

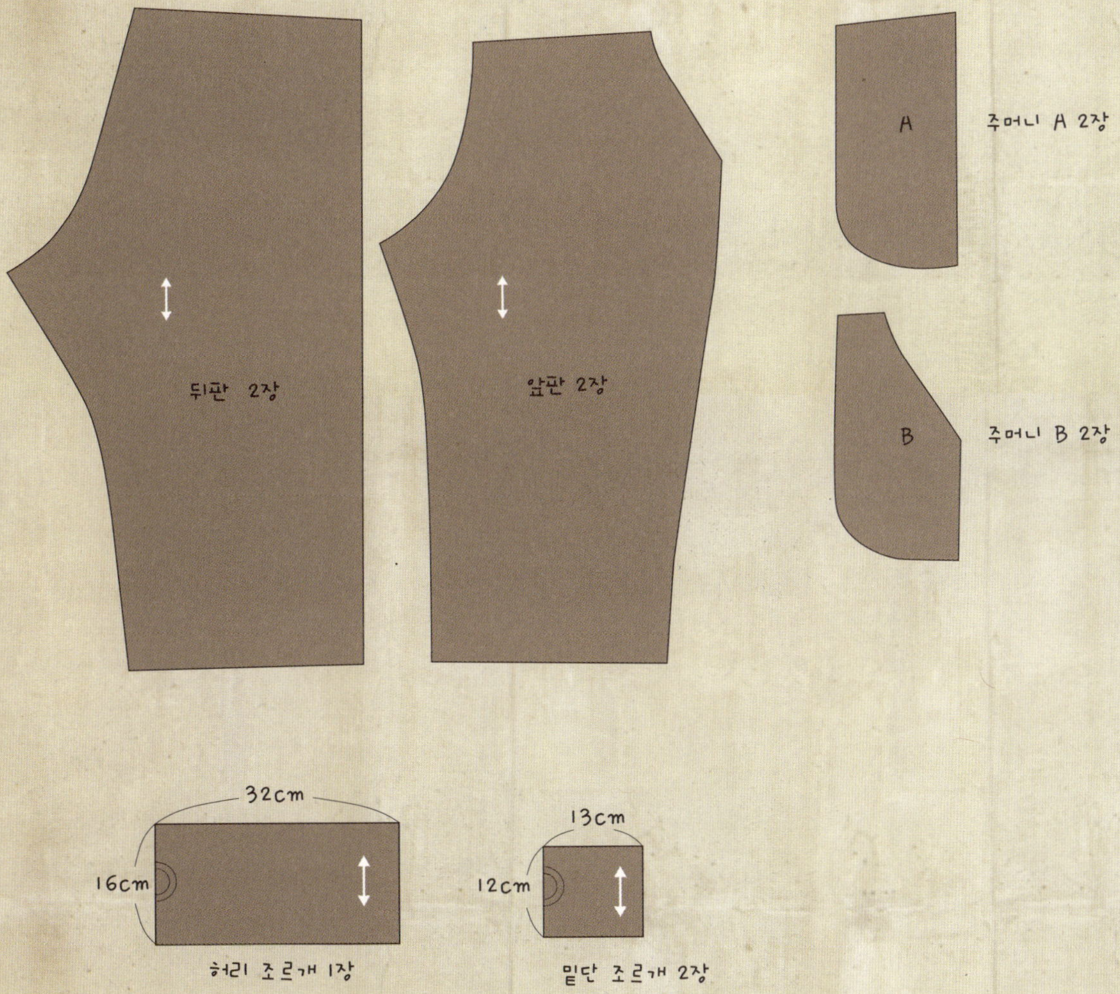

뒤판 2장

앞판 2장

A 주머니 A 2장

B 주머니 B 2장

32cm

16cm

허리 조르개 1장

13cm

12cm

밑단 조르개 2장

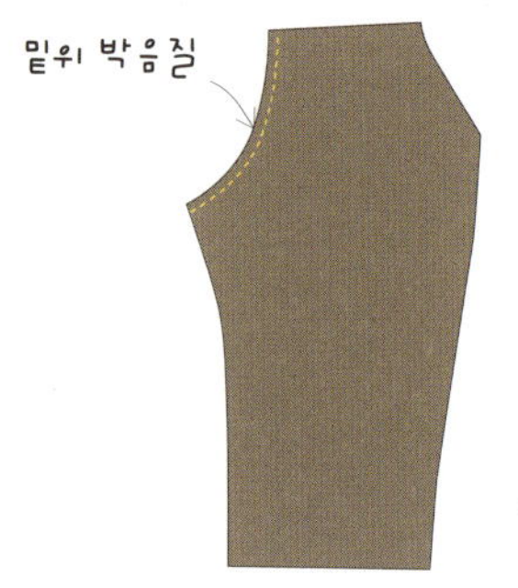

1 앞판과 뒤판을 겉과 겉이 마주보게 놓고, 밑위를 박음질한 후 오버로크 처리한다.

2 안쪽 시접을 오른쪽으로 넘기고, 겉에서 3mm 간격으로 눌러박는다.

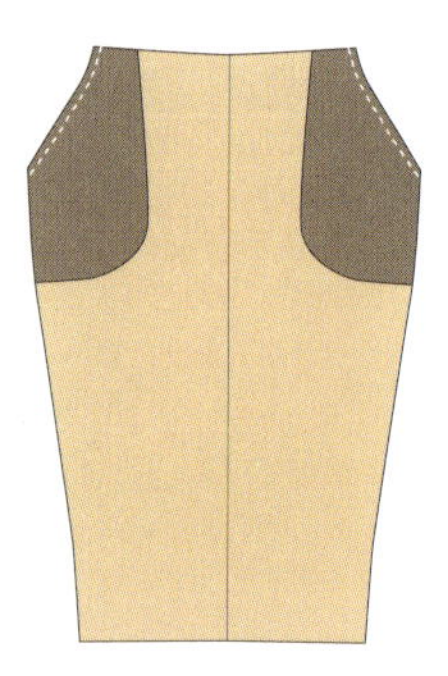

3 앞판의 양 옆에 주머니 B를 겉과 겉이 마주보게 놓고 주머니의 옆선을 박음질한다.

4 주머니 B를 겉으로 넘긴 후, 주머니 A를 겉과 겉이 마주보게 포갠다.

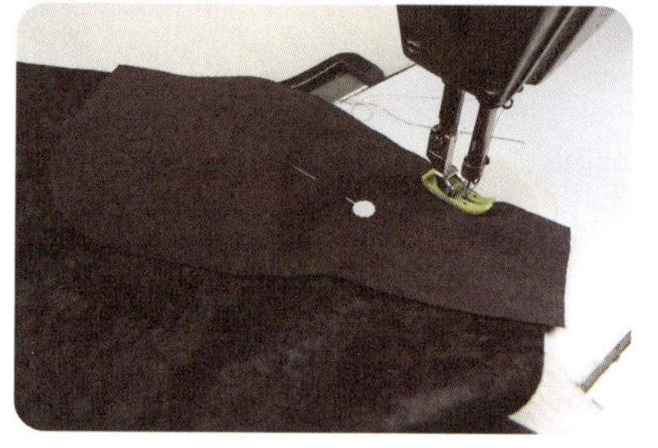

5 주머니 라운드를 박음질한 후 오버로크 처리한다.

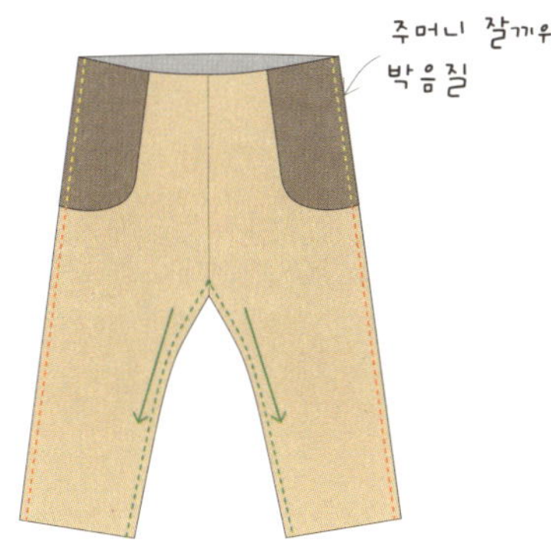

6 앞판과 뒤판을 겉과 겉이 마주보게 놓고, 가랑이 중심에서 밑 아래쪽으로 박음질한 후 오버로크 처리한다.

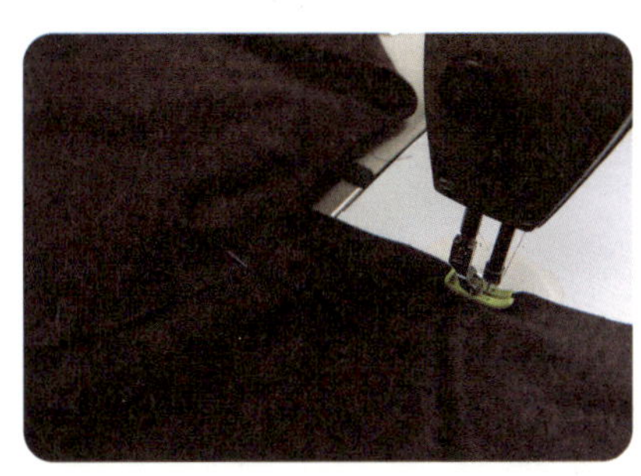

7 양 옆선을 주머니를 잘 끼워 박음질한 후, 오버로크 처리하고 뒤집어둔다.

조르개 연결하기

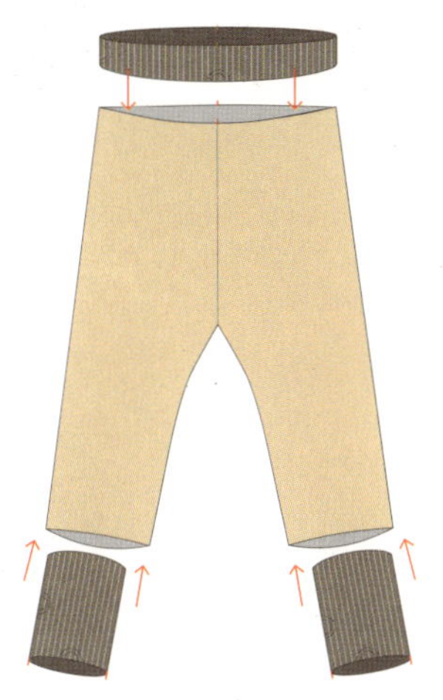

8 허리 조르개를 겉과 겉이 마주보게 가로로 반을 접은 후, 세로 폭을 박음질한다.

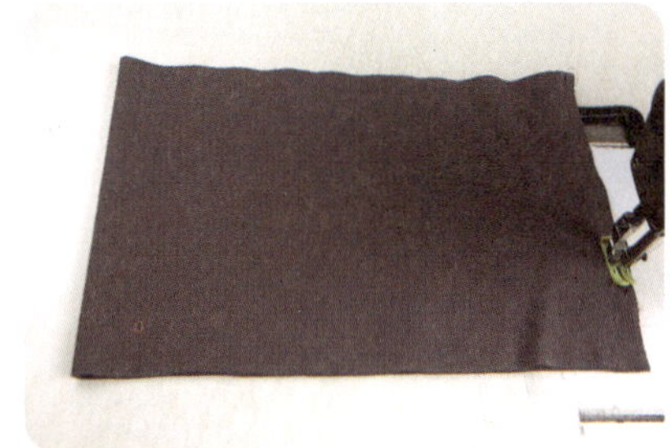

9 세로로 반을 접은 후 4등분해 표시하고, 몸판의 허리둘레도 4등분해 표시한다.

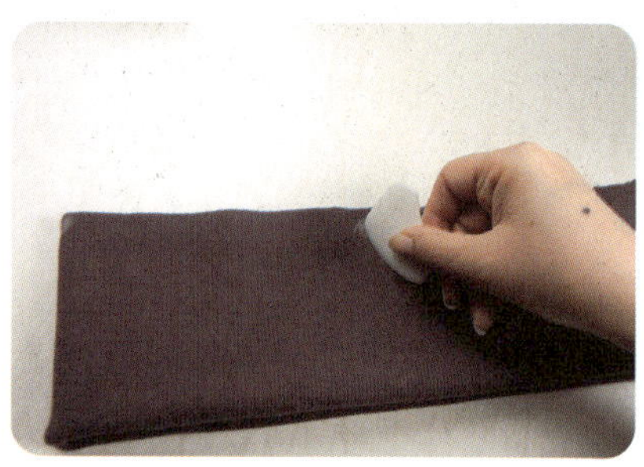

10 몸판의 4등분 기점과 허리 조르개의 4등분 기점을 맞춰 몸판을 허리 조르개에 끼워 넣는다.

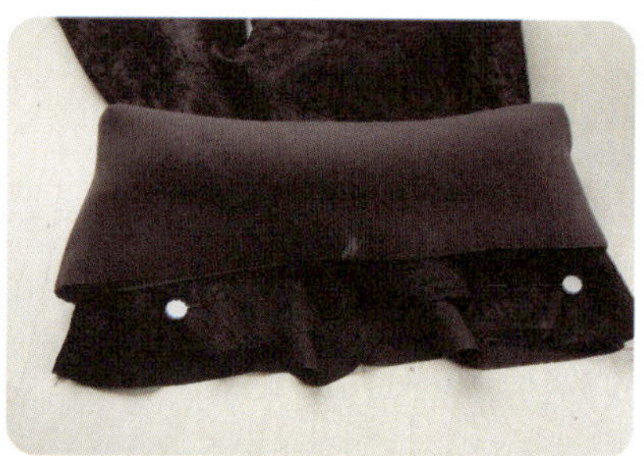

11 허리 조르개를 당기면서 몸판의 4등분을 맞춰가며 박음질한 후, 오버로크 처리한다.

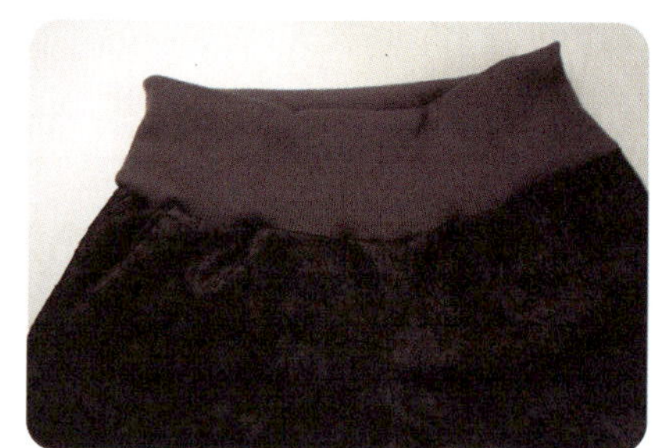

12 밑단 조르개 역시 허리 조르개와 동일한 방법으로 몸판 하단에 연결한다.

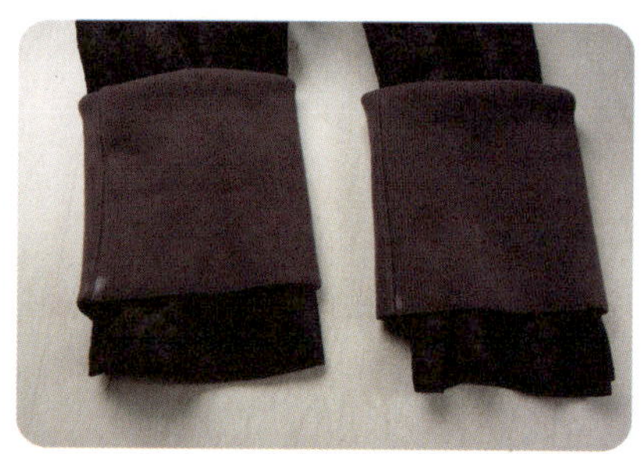

차가운 바람도 따듯하게 녹여줄 것 같은 포근한 터틀넥 박스 티.
울 혼방 니트원단을 사용해 보온력을 높이고, 사이즈를 넉넉하게 잡아
루즈하게 입을 수 있도록 만들었어요. 코트나 점퍼 안에 손쉽게 코디할 수 있어
활용성 또한 높답니다.

재료

울 혼방 니트원단, 해당 골지 니트원단

재단하기

1. 실물본을 이용해 울 혼방 니트원단에 앞판 1장, 뒤판 1장,
   허리 2장, 주머니 4장을 재단한다. (캐쥬얼 free 싸이즈)
2. 해당 골지 니트원단에 터틀넥 44cm×30cm로 1장,
   밑단 70cm×40cm를 1장을 재단한다.

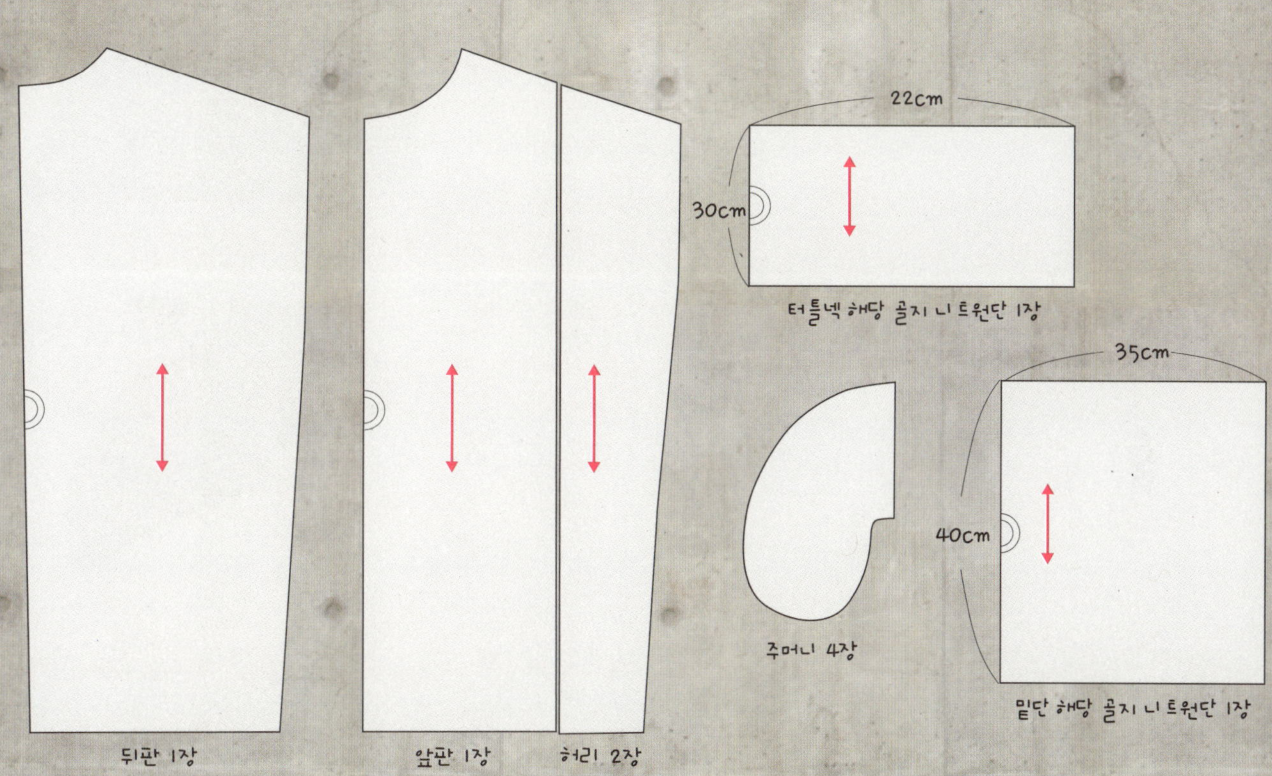

오버로크 처리

1 앞판과 허리 2장의 서로 이어줄 부분을 오버로크 처리한다.

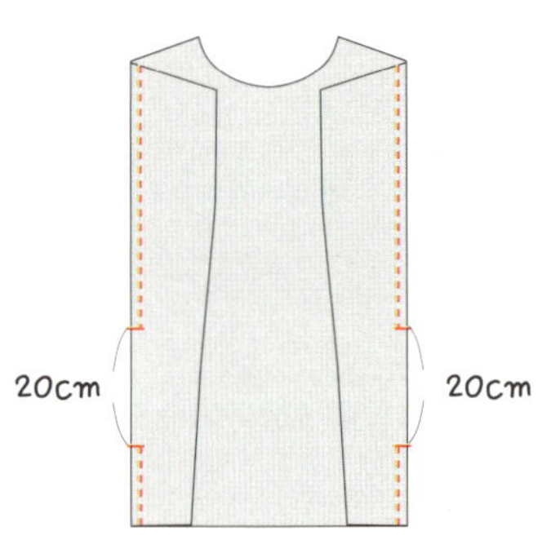

20cm 20cm

2 앞판 위에 양옆 이음선 2장을 올리고, 하단에서 20cm 위의 주머니 넣을 부분을 제외하고 박음질한다.

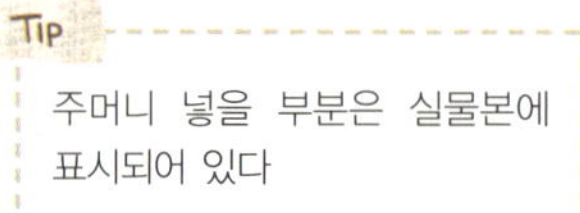

주머니 넣을 부분은 실물본에 표시되어 있다

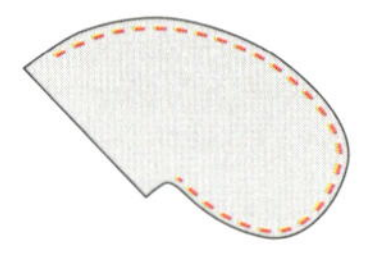

3 앞 주머니 2장을 겉과 겉이 마주보게 놓고 곡선 부분을 박음질한다.

4 앞판의 주머니 위치에 주머니를 놓고, 주머니의 겉과 앞판의 겉, 주머니의 겉과 허리의 겉이 마주보게 박음질한다.

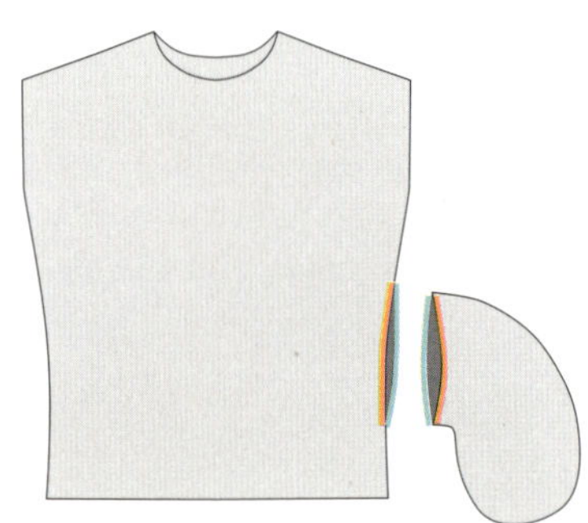

5 앞판과 뒤판을 겉과 겉이 마주보게 놓고, 어깨라인을 박음질한 후 오버로크 처리한다.

6 허리 부분을 밑단에서 35cm 위까지 박음질한다.

7 허리 부분과 진동을 오버로크 처리한다.

8 진동을 1cm 안으로 꺾어 박음질한다.

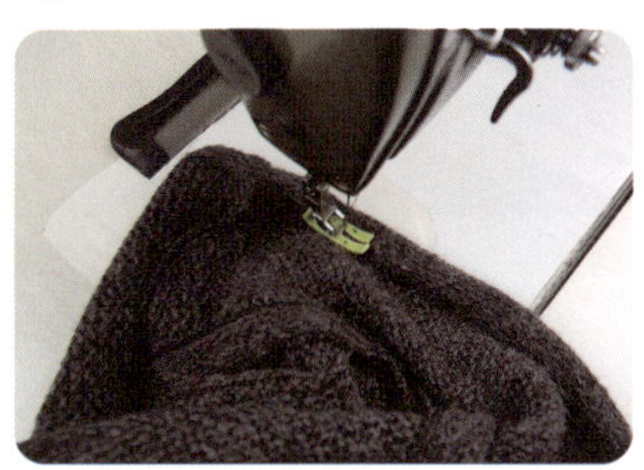

터틀넥 연결하기

9 터틀넥이 될 해당 골지원단은 겉과 겉이 마주보게 가로로 반을 접은 후, 세로 폭을 박음질한다.

10 세로로 반을 접은 후 4등분해 표시한다.

11 몸판의 목 부분도 4등분해 표시한다.

12 몸판의 4등분 기점과 골지원단의 4등분 기점을 맞춰 몸판을 골지원단에 끼워 넣는다. 골지원단을 당기면서 몸판의 4등분을 맞춰가며 박음질한 후, 오버로크 처리한다.

> **Tip**
> 밑단 해당 골지원단도 세로폭을 박음질한 후, 폭을 반을 접어 11번~12번과 동일한 방법으로 몸판 하단에 박음질한다

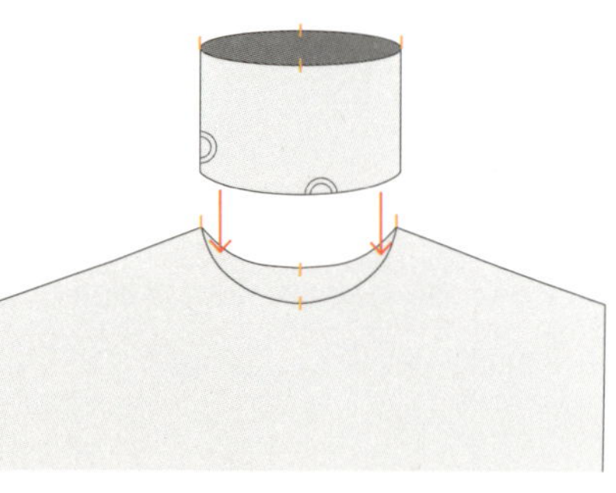

Sewing guide

보송보송한 느낌의
라운드 이중 조끼
누구나 꼭 만들어 입어보고 싶은 욕심나는 스타일!
보송보송한 어그램스원단을 사용해 따뜻한 겨울을 준비하세요.
귀여우면서도 여성스럽게, 라인이 살아나는 디자인이랍니다.

재료

니트 이중지, 어그램스원단, 앞 포인트
장식 2개, 스냅 1쌍

재단하기

1 실물본을 이용해 니트 이중지에 겉감 1장, 어그램스원단에
안감 1장을 시접 없이 재단한다.(캐쥬얼 55~66)

2 소매가 들어가는 진동은 가위집을 내어 실물본 그대로
파내듯 자른다.

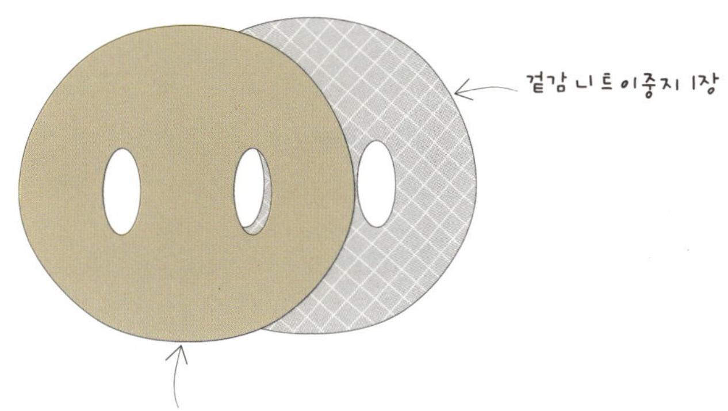

겉감과 안감 합복하기

1 겉감과 안감을 겉과 겉이 마주보게 놓고, 하단의 창구멍 20cm를 남겨두고 전체를 박음질한다.

2 라인을 살리기 위해 가장자리 전체에 가위집을 낸다.

3 창구멍을 통해 뒤집는다.

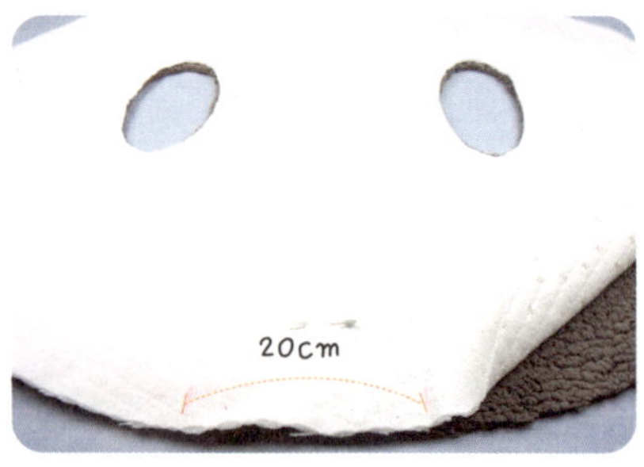

4 진동의 위 아래 중심을 표시한다.

5 중심에서 겉감과 안감의 겉과 겉을 마주잡은 후 창구멍으로 꺼낸다.

6 진동라인을 박음질한다.

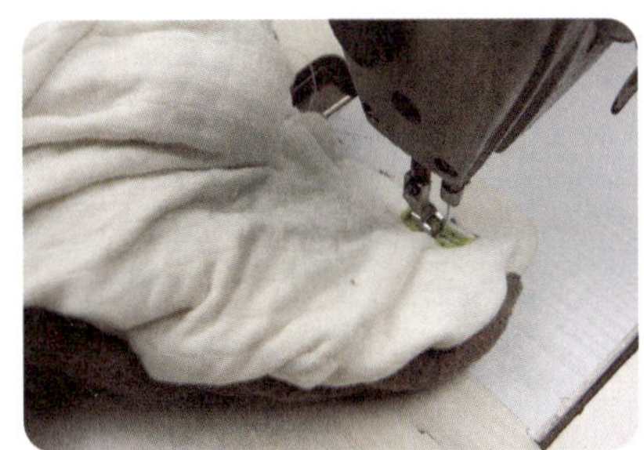

7 반대쪽 진동 역시 동일한 방법으로 박음질한다.

공그르기로 하는 것보다 훨씬 깔끔!

8 몸판의 창구멍은 공그르기로 막는다.

9 몸판의 진동 부분을 반으로 접으면 조끼 모양이 된다. 앞 중심 가운데에 스냅을 손바느질로 달아준다.

10 앞판에 포인트 장식을 손바느질한다.

소잉팩토리가 어디에요?
재봉관련 소잉포털사이트 입니다.

소잉팩토리는
하나 !
미싱을 이용한 소품, 커튼, 침구, 아기옷등 다양한 컨텐츠 제작
방법을 동영상과 사진으로 미싱 DIY를 쉽고 편리하게 알려
드립니다.

둘 !
원단 및 부자재등 Sewing에 필요한 다양한 상품 정보와
편리 쇼핑을 이용해 보세요.

셋 !
무료 패턴 증정과 누구나 참여할 수 있는 " 솜씨 자랑 "을 통해
푸짐한 경품 증정등 다양한 이벤트에 참여해 보세요.

넷 !
전국 70여개 " 소잉팩토리 지정 교육실 "을 현재 중급에서
고급까지 준비된 교육 패키지로 봉재를 함께 배우실 수 있습니다.

다섯 !
자신에게 맞는 미싱을 친절하게 상담해 드립니다.
상담 전화번호 -〉 02-518-2379

http://www.소잉팩토리.com
http://www.sewingfactory.co.kr

*** 소잉팩토리 DIY 솜씨자랑 EVENT ***

본 서적의 구매자를 위한 특별 이벤트로 서적 안에 제공된 패턴 및 아이템을 직접 제작해서 소잉팩토리 "솜씨자랑"
코너에 올려주세요. " 행복한 바느질 매니아 "를 선정하여 푸짐한 상품을 드립니다.

응모방법 : 솜씨자랑 코너에 올려주실 때 본 서적의 아이템명을 적어주세요.
특   전 : 월별 " 행복한 바느질 매니아 " 10명 선정.(사은품 내용 매월 변경됨)

행복한 바느질 세상 옷 만들기